Holly Clegg's trim&TERRIFIC™

alimentándose BIEN DURANTE EL CÁNCER

Recetas fáciles y recomendaciones

DURANTE Y DESPUÉS DEL TRATAMIENTO

HOLLY CLEGG

DOCTOR GERALD MILETELLO

Con la colaboración especial de

CHEF ZOE MULLER

Número de control de la Biblioteca del Congreso: 2014914773
ISBN-13: 978-0-9815640-7-4
ISBN-10: 0-9815640-7-0

OTROS LIBROS DE HOLLY CLEGG

Eating Well Through Cancer
Holly Clegg's trim&TERRIFIC ® Eating Well to Fight Arthritis
Holly Clegg's trim&TERRIFIC ® KITCHEN 101
Holly Clegg's trim&TERRIFIC ® Too Hot in the Kitchen
Holly Clegg's trim&TERRIFIC ® Diabetic Cooking (ADA)
Holly Clegg's trim&TERRIFIC ® Gulf Coast Favorites
Holly Clegg's trim&TERRIFIC ® Freezer Friendly Meals

Análisis nutricional: Tammi Hancock, RD
Directora creativa y dietista: Virginia Lee Jackson, LDN, RD
Diseño de portada: Scott Hodgin
Edición: Cristina Mershon
Y con la colaboración especial de Chef Zoe Muller

PRODUCCIÓN Y MANUFACTURACIÓN

Manufacturado en los Estados Unidos de América

DEDICATORIA

Este libro está dedicado al padre de Holly, Jerry Berkowitz, y a toda persona cuya vida ha sido afectada por el cáncer.

TABLA DE CONTENIDOS

NOTA ACERCA DE LAS RECETAS

- *El análisis nutricional que se incluye en cada receta se basa en la porción más grande listada.*
- *Aunque la mayoría de las recetas de este libro tienen intercambios de diabetes, no todas las recetas son apropiadas para los diabéticos, a no ser que tengan una "D".*
- *Siga siempre las recomendaciones de su médico.*

Receta vegetariana

D Receta para diabéticos

Receta fácil de congelar

Receta sin gluten

UNA NOTA DE HOLLY CLEGG

Me gusta comer y como autora de la serie de libros de cocina trim&TERRIFIC®, me esfuerzo por crear recetas que sean fáciles, saludables y sobre todo deliciosas. El oncólogo Gerald Miletello ha proporcionado también la motivación que necesitaba para escribir este libro. Con mi pasión por la comida y mi experiencia, he creado recetas que incorporan alimentos fáciles de tolerar, contrarrestando así los efectos secundarios del tratamiento contra el cáncer.

¡LAS PERSONAS CON CÁNCER TAMBIÉN NECESITAN COMER!

Empecé a investigar la dieta y la nutrición para pacientes con cáncer y descubrí que la información disponible era muy técnica, aseguraba curas milagrosas o insistía en un cambio de vida totalmente radical. Yo opino que nadie debería comer algo que no esté rico. Mi filosofía de "no sacrificar el sabor" a lo largo de mis libros de cocina **trim&TERRIFIC®** es una vez más mi enfoque en la creación de recetas sabrosas, sanas y fáciles. Mi reto consistió en ofrecer recetas atractivas que aliviaran los efectos secundarios durante el tratamiento oncológico. Una buena nutrición es esencial para mantenerse sano y tener suficiente energía.

Trabajar con el Doctor Miletello me dio un mejor entendimiento de lo que le sucede a una persona que pasa por el tratamiento contra el cáncer. Con eso en mente, he intentado enfocarme en recetas rápidas que incluyen alimentos etiquetados como "super alimentos" que ayudan en la lucha contra el cáncer: verduras crucíferas, yogur en lugar de crema agria, frijoles o habichuelas, frutas, ajo, alimentos ricos en betacaroteno, alimentos ricos en fibra, granos y pescado. Las recetas que he creado son familiares e incluyen platos favoritos de nuestra cultura, pero también he sido consciente de lo que una persona puede o no comer en cada etapa del tratamiento. El capítulo ***Cuidado del paciente*** puede resultar muy útil para los cuidadores, familiares y amigos. Deseo que depués del tratamiento pueda disfrutar de nuevo del placer de la comida y por eso he creado una sección titulada ***Alimentación saludable después del tratamiento***, con recetas para una vida sana a largo plazo.

Cada receta incluye el análisis nutricional y el intercambio diabético. Los ingredientes opcionales no están incluídos en el análisis. Las ***Sugerencias saludables*** y ***Consejos nutritivos*** proporcionan información muy valiosa de cada receta.

Mientras probaba las recetas con mi familia descubrí un principio que me gustaría señalar: cualquier persona que goce de un enfoque saludable en la cocina, con o sin problemas de salud, también puede disfrutar de los beneficios de este libro.

Cuando comencé a trabajar en estas recetas, todo se hizo más personal en el momento en que mi padre fue diagnosticado con cáncer de laringe y tuvo que someterse a un tratamiento intensivo. Hoy, casi catorce años después, puede hablar con una laringe artificial y disfruta de una vida normal. Comer es una necesidad y espero que estas recetas aminoren un poco los efectos del tratamiento. A mi padre y a mí nos encanta comer; espero que él pueda continuar disfrutando el capítulo ***Alimentación saludable después del tratamiento*** durante muchos años más, lo mismo que usted. El cáncer ha tocado la vida de muchos, de una forma u otra en algún momento; por ello el oncólogo Gerald Miletello y yo, deseamos que este libro les ayude.

A través de los años, me han solicitado crear una versión en español del libro de recetas durante el tratamiento contra el cáncer, es por eso que me enorgullece ofrecer esta versión en español totalmente actualizada. No sólo será en español, sino que también con la ayuda de Chef Zoe, el libro ofrece recetas latinas tradicionales y saludables que le ayudarán a luchar contra los efectos del tratamiento. He disfrutado mucho probando las recetas que reflejan la cultura culinaria de México, América del Sur, España y Cuba. El libro está traducido para adaptarse a las variaciones de la lengua en cada uno de estos países, con la esperanza de hacer una diferencia en su vida mientras se somete al tratamiento oncológico.

UNA NOTA DEL DOCTOR GERALD MILETELLO

El cáncer consiste en un crecimiento descontrolado de células, que acaban destruyendo la función de las células salubables. El cáncer puede afectar a un órgano o a todo el cuerpo, incluyendo la sangre. Una vez que se inicia el tratamiento para atacar el cáncer, probablemente notará un cambio en su apetito, en el sentido del gusto y del olfato. Esos cambios son el producto de la destrucción de células saludables, al mismo tiempo que se atacan las cancerígenas. El objetivo del tratamiento es destruir las células cancerígenas y permitir que las saludables crezcan con más rapidez. La pérdida de apetito o *anorexia*, es uno de los efectos secundarios más comunes de la quimioterapia. La anorexia también puede producirse como resultado de la radiación, el estrés, la ansiedad y la depresión. Puede ser muy difícil tratar de ingerir suficientes calorías durante el tratamiento, pero es muy importante mantener una nutrición apropiada para recuperar fuerzas y seguir luchando.

Ciertos alimentos que antes le gustaban, ahora pueden no apetecerle. Sus gustos pueden cambiar diariamente o incluso cada hora. Se pueden desarrollar úlceras en la boca o en la lengua, o puede llegar a tener problemas para tragar. Afortunadamente, estos efectos secundarios sólo duran de tres a ocho días después de la quimioterapia. La diarrea y el estreñimiento también pueden afectarle en cualquier momento durante el tratamiento. Si está tomando medicinas narcóticas, el estreñimiento puede llegar a ser un problema grave.

La diarrea se caracteriza por evacuaciones intestinales anormales y más frecuentes de lo habitual, y puede venir acompañada de calambres. La diarrea puede producirse como efecto secundario de la quimioterapia, de las radiaciones o de la cirugía intestinal; en otras ocasiones se produce debido a infecciones del intestino causadas por antibióticos. La intolerancia láctea puede también ocasionar diarrea.

La neutropenia se caracteriza por el número anormalmente bajo de glóbulos blancos y se produce después de tratamientos de quimioterapia continuados. Normalmente, la neutropenia sólo dura entre tres y siete días. Durante esos días, es recomendable evitar frutas frescas, verduras, carne o pescado. Tan pronto como el número de glóbulos blancos regrese a la normalidad, puede volver a una dieta regular.

La mucosa del tracto gastrointestinal, que incluye el interior de la boca y la garganta, es una de las zonas más sensibles del cuerpo. Muchos medicamentos de quimioterapia pueden inflamar el revestimiento mucoso de la boca y otros pueden causar úlceras o llagas, lo que presenta grandes dificultades para mantener una buena nutrición.

Le ofrecemos sugerencias alimenticias y bebidas que le resultarán muy apetitosas; otras que le ayudarán a combatir los efectos secundarios de la quimioterapia. También hemos incluido consejos útiles para la familia y los que ayudan al paciente. Nuestra última sección consiste en una ***Alimentación saludable después del tratamiento.***

Aunque ninguna dieta ha demostrado prevenir el cáncer, muchos expertos están de acuerdo en que una dieta apropiada puede llegar a reducir el riesgo de ciertos tipos de cáncer. También creemos que una dieta ideal puede combatir el cáncer una vez que se ha desarrollado. Tenga en cuenta que tiene la libertad de probar cualquiera de estas recetas en cualquier momento durante su tratamiento. Hemos incluído versiones altas en calorías de algunas de las recetas, para cuando lo estime necesario. Además, tenga en cuenta que todos los alimentos y recetas sugeridas son para toda la familia, no sólo para el paciente. Cada receta incluye información para diabéticos, puesto que hay medicaciones contra el cáncer que elevan los niveles de azúcar en la sangre.

UNA NOTA DE CHEF ZOE

Desde que me gradué de la Escuela de Arte Culinario "Le Cordon Bleu", sabía que mi pasión por la nutrición llevaría mi carrera profesional en un rumbo diferente al de mis colegas. Siempre tuve la pasión por ayudar y enseñar a otros a entender que la comida saludable puede ser deliciosa, sobre todo en la comunidad latina. Por eso me siento muy afortunada de trabajar en el servicio de nutrición del Baylor Health Care System en Dallas, Texas. Allí me dedico a educar, con demostraciones de cocina saludable, a pacientes que están pasando por tratamientos de cáncer o que padecen diabetes; muchos de esos pacientes son niños. En una de mis demostraciones culinarias, tuve el placer de conocer a Holly Clegg, experta en comida sana y autora de numerosos libros de cocina. Ella me ofreció la oportunidad de participar en este proyecto, que hasta ahora, es el más importante de mi carrera. Como el español es mi primera lengua, este libro está más cerca de mi corazón y me permite comunicarme mejor con la comunidad latinoamericana. Aquí comparto algunas recetas de mis abuelas, de las que guardo hermosos recuerdos durante las vacaciones de verano. Ambas fallecieron de cáncer. Me hubiera encantado que un libro como éste hubiera estado disponible para ellas durante sus momentos más difíciles. De cualquier manera, me llena de felicidad el saber que ahora otros disfrutarán de algunas recetas que reflejan el amor y la pasión de mis abuelas. Me gustaría dedicarlo a mis queridas abuelitas, Eva Muller y Ninfa Novoa, porque sus recetas cambiarán la vida de muchos, ayudando y mejorando su salud cuando estén padeciendo de cáncer.

ENSALADA WALDORF (PÁG. 20)

1

el día de la QUIMIOTERAPIA

EL DÍA DE LA QUIMOTERAPIA

¿QUÉ DEBERÍA COMER ANTES DE MI TRATAMIENTO?

- *¿Cuál es la mejor hora del día para comer?*
- *¡Sólo me gustan dos comidas!*
- *¡No puedo comer, pero puedo beber!*
- *¡Nada me sabe bien!*
- *¿Cómo puedo superar la pérdida de peso?*
- *¿Cómo preparo mi despensa?*

No todos los tratamientos le van a provocar náuseas, vómitos o pérdida del apetito. Los efectos secundarios más agudos como la náusea, son causados por la destrucción de las células que recubren el tracto gastrointestinal, al dividirse con mucha rapidez. Ésta es una de las causas principales de la pérdida del apetito, náuseas, vómitos y dolor de boca. Le recomiendo que reduzca el consumo de grasas. Sírvase una comida ligera antes del tratamiento, incluyendo cereales, tostadas, avena, sémola, cóctel de frutas, o néctar de durazno/melocotón o de pera. Veinticuatro horas después de su tratamiento, puede empezar a introducir líquidos, sopas, cremas dulces o bocadillos. Entre las 24 y 40 horas siguientes al tratamiento, trate de evitar comidas altas en grasa o fritas.

Si descubre que sólo le apetecen un par de comidas, no hay ningun problema, ingiera lo que le apetezca hasta que se sienta mejor y pueda expandir su dieta. No se olvide de que beber agua es esencial. Le recomiendo que beba de 8 a 10 vasos de agua diariamente. Los bebidas nutritivas que se venden como suplementos dietéticos, son otra excelente opción cuando uno sólo tiene ganas de beber y todavía no tolera la comida sólida.

Puede llegar a padecer de dolor y sequedad de boca, o incluso pérdida total del apetito. Ese problema puede requerir un poco más de creatividad por su parte para mantener un estado nutritivo positivo. Le puede resultar imposible ingerir tres comidas grandes al día, si es así, le animo a que prepare aperitivos pequeños, sustituyendo las tres comidas por seis aperitivos diarios, lo que le ayudará a aumentar el número de calorías. Si su apetito no mejora, pregúntele a su médico por un estimulante del apetito como *Megace 800 mg.*, una vez al día durante 30 días, y luego disminuya la dosis a 400 mg. por día. La otra opción es *Megace 40 mg.* por vía oral, dos veces al día, junto con *Marinol 2.5 mg.* dos veces al día. Y recuerde que hidratarse es de suma importancia. Mantenga un vaso con líquido a su lado en todo momento (agua con una rodaja de limón, jugo de manzana, de zanahoria, de arándano, etc.).

No se olvide de su rutiana diaria en el cuidado de su boca, para mantenerla fresca y disminuir la formación de úlceras. Haga la siguiente mezcla todas las mañanas: en un litro de agua eche una cucharadita de sal y una de bicarbonato de sodio. Enjuague la boca, sin tragar el líquido, y luego, escúpalo. Realice los enjuagues bucales después de cada comida o, por lo menos, cuatro veces al día. Haga esa mezcla fresca todas las mañanas usando agua corriente.

Recuerde que su boca va a mejorar, normalmente el dolor desaparece a los pocos días. La comida funciona como medicina; usted tiene que comer para finalizar con éxito el tratamiento y volver a la normalidad. Enjuagarse la boca con *Ulcerease*, *Viscous Xylocaine* o caramelos de *Cephalcol* pueden aliviarle antes de las comidas. Evite alimentos que pueden irritarle, como naranjas, limones, tomates, salsas, galletas saladas y alcohol; o comidas excesivamente calientes o frías que tienden a provocar irritación.

Comidas a temperatura ambiente o templadas y alimentos frescos, alivian el dolor de boca. Intente cortar sus alimentos en trozos pequeños, cocínelos hasta que estén blandos, o trate de hacer puré con un procesador de alimentos. A veces también ayuda beber ayudado de una pajita (popote o pitillo).

SUGERENCIAS SALUDABLES PARA EL DÍA DE LA QUIMIOTERAPIA

- Coma porciones pequeñas más frecuentemente y beba líquidos entre comidas en vez de con las comidas
- Coma regularmente a horas preestablecidas, porque su reloj interno puede que no esté funcionando adecuadamente
- Ingiera, entre comidas, suplementos o batidos líquidos altos en proteínas, cremas dulces o bebidas energéticas
- Agregue crema, nata o mantequilla a las sopas, cereales calientes y verduras, para aumentar las calorías. Añada salsas a verduras, carne, pollo y pescado hasta que la pérdida de peso deje de ser un problema
- Añada más proteínas a su dieta usando leche enriquecida, mantequilla de cacahuete o maní, queso y huevos duros picados
- Pruebe ingredientes que mejoren el olor, la apariencia y la textura de los alimentos; sea creativo con los postres
- Escoja alimentos que le gusten, siempre y cuando no tenga restricciones en su dieta
- Haga ejercicio unos 30 minutos antes de comer, para tratar de estimular el apetito
- Trate de hacer las comidas agradables arreglando la mesa de forma atractiva, comiendo junto a su familia y amigos
- Planee los menús por adelantado. Tenga comida congelada y lista para calentar y servir

SI PERCIBE CAMBIOS EN EL SABOR DE LA COMIDA, ESTO LE AYUDARÁ

- El cáncer y sus tratamientos pueden causar cambios en los sentidos del gusto y del olfato. Si está teniendo ese problema, pruebe alimentos o bebidas diferentes a los habituales. También, mantenga la boca limpia, lavada y cepillada, para paladear mejor el gusto de los alimentos
- Aderece sus comidas con sabores agrios como gajos de limón, cítricos, vinagre, o alimentos consevados en vinagre (no utilice esta sugerencia si padece de úlceras en la boca o en la garganta). Los dulces ácidos y las gotas de limón o menta pueden reducir las sensaciones amargas o agrias en el sabor. Trate siempre de tomar bebidas sin azúcar, sobre todo limonada
- Si comiendo carne experimenta un sabor "metálico", trate de sazonarla con salsa de soja baja en sodio o aderezo italiano bajo en grasa, para intensificar el sabor. Y si todavía sigue teniendo problemas con la carne, pruebe el pollo, marisco o frijoles como fuente de proteína
- Agregue jugos o condimientos con sabores intensos
- Añada más especias de lo habitual para dar más sabor a la comida, como cebolla, ajo, chile o pimentón picante en polvo, albahaca, orégano, romero, estragón, salsa barbacoa, mostaza, ketchup o pimienta blanca. La regla es añadirlas poco a poco, hasta que se despierten las papilas gustativas
- Trate de comer alimentos que no tengan olores fuertes
- Coma los alimentos a temperatura ambiente, porque disminuye el sabor y el olor de la comida
- Aumente el azúcar en las comidas para que le resulten más agradables, pero disminuya lo salado, amargo y ácido

- Enjuague la boca con té, gaseosa de jengibre, agua con sal o agua con bicarbonato de sodio antes de comer, para ayudar a limpiar sus papilas gustativas
- Las verduras frescas pueden resultarle más atractivas que las envasadas, enlatadas o congeladas
- Utilice cubiertos o tenedores de plástico si el sabor metálico le molesta en la boca
- Tal vez las comidas que antes no disfrutaba, ahora le apetecen. Aproveche la ocasión para probar nuevos alimentos
- Chupe una rebanada delgada de pepinillo en vinagre antes de las comidas; le ayudará a estimular el gusto

CAMBIOS EN EL SABOR DE LOS ALIMENTOS

El cáncer a menudo afecta las papilas gustativas y con frecuencia reduce la capacidad de captar los sabores dulces, cambiando así el sabor de postres, frutas y verduras.

- Puede utilizar más azúcar de lo normal en sus postres para conseguir el sabor al que está acostumbrado. Añada una cucharadita de azúcar cuando hierva verduras en agua para intensificar el sabor
- Algunas personas experimentan una repulsión por ciertos alimentos, sabores u olores no habituales. Esto se produce cuando ciertos síntomas negativos del tratamiento empiezan a desarrollarse mientras se comen ciertos alimentos, y nuestro cuerpo asimila el malestar con la comida ingerida
- Reserve sus comidas favoritas para cuando se sienta mejor y trate de no comer una o dos horas antes del tratamiento o la terapia. Si no disfruta comiendo carne de vaca o de cerdo, trate de probar pollo, pescado, huevos, productos lácteos o legumbres
- Aderece la carne o cocínela con salsa o tomates para mejorar el sabor. Las carnes frías o a temperatura ambiente pueden resultarle más apetecibles
- Un tercer cambio que puede sucederle, es que le empiecen a gustar los sabores agrios y cítricos. Añadir jugo de limón o lima a las comidas puede hacer que le sepan mejor. Un paciente con cáncer puede disfrutar de pomelos, arándanos y otros muchos jugos ácidos

UNA DESPENSA LLENA

Preparación y *organización* son palabras claves. El objetivo de una despensa bien surtida es tener suficiente comida almacenada para preparar comidas apetitosas y limitar así los viajes a la tienda. Asegúrese de tener también en cuenta el refrigerador y el congelador.

Comience incluyendo artículos que sabe que le gustan y que utiliza a menudo; trate de aumentar poco a poco su inventario de especias y adobos. Recuerde que en este momento de su vida, sus gustos están cambiando y la despensa puede necesitar incluir artículos que por ahora no ha considerado. Puede incluir pastas variadas, arroz, frijoles y cereales; y si la receta indica un tipo diferente, no se preocupe, sustitúyalo por algo parecido que tenga más a mano. Los caldos envasados, tomates en lata y aceite de oliva, son elementos básicos que utilizará a menudo.

Para el congelador, compre pechugas de pollo sin hueso y sin piel, solomillo de cerdo y solomillo de ternera molido. Cuando vaya a comprar la carne, busque siempre los cortes con menos grasa; cuando llegue a casa corte cualquier grasa visible antes de prepararla. Congele las hamburguesas individualmente, envueltas en plástico, para que se descongelen más rápido, de tal manera que las pueda utilizar para bocadillos o como una porción individual en cualquier receta. Los yogures y frutas frescas congeladas son ideales para satisfacer los antojos de helado o nieve. Cuando prepare sopas, haga una receta doble y congele el resto en bolsas de plástico transparentes herméticas, tratando de vaciar el aire. Otros alimentos muy útiles en el congelador son las verduras; no se olvide de incluir espinacas, brécol y cualquier otra de sus verduras favoritas.

Para la nevera, compre productos lácteos de grasa reducida o sin grasa. Si necesita ingerir más calorías, tendrá oportunidad de incluirlas en su dieta con otras comidas que no tengan grasa saturada. Recuerde que los huevos, la mantequilla y el queso, también son considerados productos lácteos.

ALIMENTOS BÁSICOS PARA LA NEVERA

- Panecillos precocinados tipo *biscuit*
- Mantequilla o margarina
- Huevos
- Queso (variedades de grasa reducida)
- Fruta
- Cebolla (amarilla y verde)
- Ajo (picado y en conserva o fresco)
- Pimiento verde
- Rábanos
- Jugo de limón y lima
- Lechugas mixtas
- Leche descremada
- Crema agria (sin grasa o ligera)
- Verduras frescas
- Yogur (sin grasa o ligero)

ALIMENTOS BÁSICOS PARA LA DESPENSA

- Malta
- Frijoles o habichuelas (enlatados)
- Pan (trigo integral o blanco)
- Pan rallado (con adobo italiano o normal)
- Caldo (enlatado, en cubos o granulado)
- Trigo
- Cuscús
- Leche evaporada desnatada
- Chiles verdes (cortados y enlatados)
- Aceite (de oliva, de colza, de girasol o de cacahuete)
- Pasta (de formas y sabores variados)
- Masa de pizza y pan *focaccia*
- Arroz (blanco, integral o arroz rápido precocinado)
- Salsa mexicana
- Adobos precocinados
- Tomates y salsas variadas precocinadas
- Atún, salmón y pollo enlatados
- Vinagre (balsámico, de arroz y de vino)

ALIMENTOS BÁSICOS PARA EL HORNO

- Levadura en polvo (tipo *Royal*)
- Bicarbonato de sodio
- Mezclas de pastel (chocolate, amarillo y blanco)
- Trocitos de chocolate semidulce
- Aceite de colza
- Cacao en polvo
- Maicena
- Frutos secos
- Leche evaporada desnatada
- Harina (normal, con levadura e integral)
- Pudin instantáneo
- Aceite aerosol antiadherente
- Nueces
- Avena
- Azúcar (normal, en polvo y moreno)
- Leche condensada azucarada (sin grasa)
- Extractos (vainilla, almendra, mantequilla, coco)

CONDIMENTOS BÁSICOS

- Alcaparras
- Salsa picante
- Miel
- Ketchup
- Mayonesa (sin grasa o ligera)
- Mostaza (normal o *Dijon*)
- Pimientos rojos asados (embotellados)
- Salsa de tomate para pasta
- Aderezos para ensalada (sin grasa)
- Salsa mexicana
- Salsa de soja (baja en sodio)
- Vinagre (normal, balsámico y de manzana)
- Salsa *Worcestershire*

ESPECIAS INDISPENSABLES

- Albahaca
- Laurel
- Chile en polvo
- Cilantro
- Canela (molida)
- Comino (molido)
- Curry
- Eneldo
- Ajo en polvo
- Jengibre (molido)
- Nuez moscada
- Orégano
- Pimentón dulce
- Perejil seco
- Pimienta roja, negra (molida o en polvo)
- Romero
- Estragón
- Tomillo

CONSERVAS ENLATADAS

- Frijoles o habichuelas (surtidos)
- Aceitunas negras
- Caldo (de carne, de pollo y de verduras)
- Maíz
- Sopas de creme (sin grasa)
- Chiles verdes (cortados)
- Tomates (en cubos o en salsa)
- Tomates picados y chiles verdes
- Atún y salmón

CONGELADOS

- Pechugas de pollo
- Pescado
- Verduras congeladas (espinacas, maíz, etc.)
- Solomillo de cerdo
- Camarones
- Solomillo de ternera (picado o en una pieza)
- Pechugas de pavo
- Helado o yogur (descremado)

LA LISTA DE LA COMPRA PARA EL DÍA DE LA QUIMIOTERAPIA

- Plátanos
- Mantequilla
- Caldo de pollo envasado
- Queso
- Pollo sin piel y sin grasa
- Crema de trigo
- Huevos
- Sémola de trigo
- Gelatinas instantáneas y pudin variados
- Pastas variadas
- Patatas
- Pavo asado
- Arroz
- Pan tostado y galletitas saladas

CONSEJOS PARA COCINAR EN CASA.

- Lave y escurra las lechugas; póngalas en recipientes de plástico o en bolsas herméticas para un acceso rápido
- Lavar, cortar y almacenar las verduras de tal manera que estén listas para usar en aperitivos o en recetas
- Utilice verduras variadas en cualquier receta. Empléelas como aperitivo, en las meriendas o en cualquier momento
- Ralle el queso, póngalo en bolsas herméticas o, simplemente, cómprelo ya rallado
- Cuando pique cebolla o ajo, haga más de lo necesario y almacene el resto en bolsas herméticas para usarlos en otras ocasiones.
- Doble las cantidades de las recetas, congele lo sobrante y utilízelo más adelante para preparar otras comidas

PANECILLOS DE CANELA

D

Mantenga siempre a mano panecillos refrigerados listos para hornear, que le permitirán disfrutar de un desayuno o aperitivo rápido y delicioso.

Ingredientes para 10 rollos

1 paquete de panes refrigerados o integrales tipo *biscuit* (1 de 10 panecillos)
2 cucharadas de mantequilla
1 cucharada de azúcar
1 cucharadita de canela molida
1/4 taza de nueces picadas (es opcional)

1. Precaliente el horno a 425°F. Cubra con aceite de aerosol antiadherente un molde para el horno de 15 x 10 x 1 pulgadas.
2. Aplane cada bollo con la mano o con un rodillo de amasar; úntelos con mantequilla.
3. En un tazón pequeño, combine el azúcar y la canela. Espolvoree la mezcla de canela encima de la mantequilla y, si lo desea, también las nueces.
4. Enrolle cada panecillo como un cigarro y forme un círculo juntando los extremos. Métalo al horno de 8 a 10 minutos o hasta que estén dorados.

INFORMACIÓN *nutritiva* POR PORCIÓN

76 kcal CALORÍAS
35% CALORÍAS DE GRASA
3g GRASA
1g GRASA SATURADA
6mg COLESTEROL
210mg SODIO
11g HIDRATOS DE CARBONO
0g FIBRA ALIMENTARIA
3g AZÚCARES TOTALES
1g PROTEÍNAS

INTERCAMBIOS *diabéticos*

1 ALMIDÓN
1/2 GRASA

SUGERENCIA SALUDABLE

Estos bollitos se congelan muy bien y se descongelan rápidamente para un aperitivo.

CONSEJO *nutritivo*

Durante el tratamiento de la quimioterapia se toleran mucho mejor las comidas que sean ligeras y bajas en grasas, sobre todo, en los desayunos.

PAN DE CERVEZA

Este pan tiene el aroma y el sabor de un pan casero, pero con la ventaja de prepararse mucho más rápido.

INFORMACIÓN *nutritiva* POR PORCIÓN

CALORÍAS	159 kcal
CALORÍAS DE GRASA	13%
GRASA	2g
GRASA SATURADA	1g
COLESTEROL	5mg
SODIO	215mg
HIDRATOS DE CARBONO	29g
FIBRA ALIMENTARIA	1g
AZÚCARES TOTALES	5g
PROTEÍNAS	3g

INTERCAMBIOS *diabéticos*

ALMIDÓN 2

Ingredientes para 12 porciones

3 tazas de harina
1 cucharada de levadura en polvo
2 cucharadas de azúcar
1/2 cucharadita de sal
1 lata de cerveza ligera o *lite* de 12 onzas
2 cucharadas de miel
2 cucharadas de mantequilla, derretida

1. Precaliente el horno a 350°F. Cubra con una capa de aceite aerosol antiadherente un molde para el horno de 9 x 5 x 3 pulgadas.
2. En un tazón mediano mezcle la harina, la levadura en polvo, el azúcar y la sal.
3. Caliente la miel en el microondas de 5 a 10 segundos, y añada la cerveza y la miel caliente a los ingredientes secos; remueva todos los ingredientes.
4. Vierta la mezcla al molde preparado. Métalo al horno durante 50 minutos o hasta que esté dorado. Retírelo del horno y derrame la mantequilla derretida por encima.

SUGERENCIA SALUDABLE

Este es un pan muy ligero y muy fácil de digerir. Añada mantequilla si necesita aumentar el número de calorías en su dieta.

CONSEJO nutritivo

Si lo prefiere, puede preparar el pan con harina integral, sustituyendo la taza de harina de trigo por una integral.

PASTEL DE PAN FLORENTINO

Este plato se presta a preparar por anticipado yvse puede disfrutar como desayuno o en cualquier momento. Si lo va a meter al horno en una fuente de cristal, hágalo cuando el horno todavía esté frío.

Ingredientes para 7 porciones (3/4 taza por porción)

1/2 libra (1/4 kg.) de champiñones en rodajas
1 cebolla picada
1 cucharadita de ajo picado
2 tazas de espinacas
2 cucharaditas de harina
Sal y pimienta al gusto
1/2 baguette o 1/2 pan italiano cortado en rodajas
1 taza de queso suizo descremado y rallado
2 huevos
3 claras de huevo
1 1/2 tazas de leche descremada
2 cucharadas de mostaza *Dijon*

1. Precaliente el horno a 350°F. Cubra con una capa de aceite aerosol antiadherente un molde para el horno de 9 x 9 x 2 pulgadas.
2. En una sartén grande ponga aceite aerosol antiadherente y rehogue los champiñones, la cebolla y el ajo hasta que estén dorados. Añada las espinacas, revolviéndolas hasta que se ablanden; mezcle la harina removiéndolo todo bien. Condiméntelo a su gusto y póngalo a parte. Coloque la mitad de las rebanadas de pan en un plato.
3. Unte la mezcla de espinacas sobre el pan y espolvoréelo con 3/4 taza de queso. Cubra el resto del pan con el queso restante.
4. En un tazón bata los huevos, las claras, la leche y la mostaza. Vierta la mezcla uniformemente sobre las rodajas de pan ya preparadas. Métalo en la nevera durante 2 horas o toda la noche si es posible.
5. Métalo al horno a 350°F de 40 a 50 minutos o hasta que se infle y se dore.

INFORMACIÓN *nutritiva* POR PORCIÓN

210 kcal CALORÍAS
22% CALORÍAS DE GRASA
5g GRASA
2g GRASA SATURADA
62mg COLESTEROL
352mg SODIO
26g HIDRATOS DE CARBONO
2g FIBRA ALIMENTARIA
6g AZÚCARES TOTALES
16g PROTEÍNAS

INTERCAMBIOS *diabéticos*

1 CARNE SIN GRASA
1.5 ALMIDÓN
1 VERDURA
1 GRASA

SUGERENCIA SALUDABLE

Puede sustituir espinacas congeladas por frescas. Adapte a su gusto la cantidad de champiñones y cebolla, pero recuerde son muy nutritivos.

CONSEJO *nutritivo*

Este es un plato ideal para dejar preparado con antelación para cuando le toque el siguiente ciclo de quimioterapia. Tiene muchas vitaminas y minerales.

SOPA DE DURAZNO O MELOCOTÓN

Una sopa suave y excepcionalmente fácil de preparar que le despertará el paladar. Sírvala en tazas como aperitivo o como comida ligera.

Ingredientes para 4 porciones (2/3 taza por porción)

1 lata de melocotones o duraznos en rodajas y escurridos de 14 onzas
1 taza de yogur natural descremado
1 taza de jugo de naranja
1 cucharadita de jugo de limón
1 cucharada de azúcar
1 cucharadita de extracto de almendra

1. Ponga todos los ingredientes en el procesador de alimentos o licuadora hasta que se convierta en líquido. Métalo en la nevera.

INFORMACIÓN *nutritiva* POR PORCIÓN

CALORÍAS	112 kcal
CALORÍAS DE GRASA	0%
GRASA	0g
GRASA SATURADA	0g
COLESTEROL	1mg
SODIO	51mg
HIDRATOS DE CARBONO	24g
FIBRA ALIMENTARIA	1g
PROTEÍNAS	4g

INTERCAMBIOS *diabéticos*

FRUTA	1
LECHE DESCREMADA	1/2

SUGERENCIA SALUDABLE

Melocotones o duraznos frescos se pueden sustituir por enlatados. Si no se siente bien, las comidas a temperatura ambiente o frías tienden a tener menos olores, lo que ayuda a ingerirlos con más facilidad.

CONSEJO nutritivo

El color amarillo anaranjado de los melocotones o duraznos indica que son ricos en betacarotenos, que protegen el cuerpo en contra de los radicales libres.

ENSALADA DE ATÚN

D G

¿Cansado de comer atún? Esta ensalada incluye ingredientes que le ayudarán a crear un plato ligero y delicioso.

Ingredientes para 8 personas (3/4 taza por porción)

2 latas de 6 onzas de atún envasado en agua y escurrido
1 lata de mandarinas escurridas de 11 onzas
1 taza de champiñones frescos en rodajas
1 lata de corazones de alcachofa escurrida de 14 onzas
1/2 taza de castañas de agua asiáticas en rodajas y escurridas
Aderezo (receta a continuación)

1. En un tazón grande, combine cuidadosamente el atún, las naranjas, los champiñones, las alcachofas y las castañas de agua. Añada el aderezo (ver receta) y métalo en la nevera para que se enfríe.

ADEREZO

1/4 taza de mayonesa ligera
1/4 taza de yogur descremado
1 cucharada de jugo de limón
2 cucharaditas de azúcar
1 manojo de cebollas verdes, picadas

1. En un tazón pequeño, mezcle todos los ingredientes.

INFORMACIÓN *nutritiva* POR PORCIÓN

108 kcal CALORÍAS
14% CALORÍAS DE GRASA
2g GRASA
0g GRASA SATURADA
19mg COLESTEROL
324mg SODIO
11g HIDRATOS DE CARBONO
3g FIBRA ALIMENTARIA
5g AZÚCARES TOTALES
12g PROTEÍNAS

INTERCAMBIOS *diabéticos*

1.5 CARNE SIN GRASA
2 VERDURAS

SUGERENCIA SALUDABLE

Para tener siempre listo, planee con antelación aperitivos rápidos y ligeros como esta ensalada, que le proporcionará una nutrición equilibrada.

CONSEJO *nutritivo*

Si no se siente bien o experimenta cambios en el paladar, los sabores agrios o ácidos como el limón y toda la familia de los cítricos, le pueden resultar más apetitosos.

ENSALADA WALDORF

Esta ensalada lleva manzanas, uvas pasas y nueces, con un aderezo lleno de sabores cítricos y un alto contenido en fibra, vitaminas y minerales.

INFORMACIÓN *nutritiva* POR PORCIÓN

CALORÍAS 153 kcal
CALORÍAS DE GRASA 35%
GRASA 6g
GRASA SATURADA 1g
COLESTEROL 3mg
SODIO 76mg
HIDRATOS DE CARBONO 24g
FIBRA ALIMENTARIA 3g
PROTEÍNAS 3g

INTERCAMBIOS *diabéticos*

FRUTA 1.5
GRASA 1

Ingredientes para 10 porciones (una taza por porción)

6 tazas de manzanas rojas y verdes cortadas en cuadrados
2 tallos de apio picado
1 taza de uvas verdes y rojas sin semilla
1/2 taza de nueces picadas y tostadas
1/2 taza de uvas pasas
1 taza de yogur descremedo
1/4 taza de mayonesa ligera
1/4 taza de jugo de naranja fresco

1. En una fuente grande combine las manzanas, el apio, las uvas, las nueces y las uvas pasas.
2. En un tazón pequeño mezcle el yogur, la mayonesa y el jugo de naranja. Añada el aderezo a la mezcla de manzanas y mantenga la ensalada fresca en la nevera hasta la hora de servir.

SUGERENCIA SALUDABLE

Esta ensalada está llena de fibra y de colores, lo que le ayudará a estimular su paladar. Si necesita aumentar el número de calorías no utilice ingredientes sin grasa o descremados.

CONSEJO *nutritivo*

Alimentos fríos, sin olor y ácidos ayudan a estimular el apetito y son mucho más agradables, especialmente cuando uno no se siente bien.

RISOTTO AL HORNO

D G

Esta receta de arroz risotto le ahorrará tiempo y es deliciosa. El arroz tipo "arborio" es el ideal para preparar esta comida.

Ingredientes para 5 personas (plato principal - 1 taza) o para 10 acompañamientos (1/2 taza)

2 cucharadas de mantequilla derretida
2 1/2 tazas de caldo de pollo sin grasa y bajo en sal
1 taza de arroz Arborio
1 taza de cebolla picada
Sal y pimienta al gusto

1. Precaliente el horno a 400°F
2. En un molde para el horno de de 13 x 9 x 2 pulgadas, mezcle la mantequilla, el caldo, el arroz, la cebolla picada, sal y pimienta. Métalo al horno cubierto por 35 minutos. Retírelo del horno y revuelva el arroz con un tenedor.

SUGERENCIA SALUDABLE

Si le apetece, después de cocinar el risotto, añada queso mozzarella, tomates y albahaca fresca e, incluso, pollo.

CONSEJO nutritivo

El arroz Arborio es el más utilizado para cocinar el risotto. No se depura ni se filtra tanto como otros arroces, por eso tiene más almidón y una textura más cremosa.

INFORMACIÓN *nutritiva* POR PORCIÓN

COMO PLATO PRINCIPAL POR PORCIÓN:
186 kcal CALORÍAS
24% CALORÍAS DE GRASA
5g GRASA
3g GRASA SATURADA
12mg COLESTEROL
112mg SODIO
32g HIDRATOS DE CARBONO
1g FIBRA ALIMENTARIA
2g AZÚCARES TOTALES
3g PROTEÍNAS

COMO PLATO PRINCIPAL POR PORCIÓN:
93 kcal CALORÍAS
24% CALORÍAS DE GRASA
2g GRASA
1g GRASA SATURADA
6mg COLESTEROL
56mg SODIO
16g HIDRATOS DE CARBONO
1g FIBRA ALIMENTARIA
1g AZÚCARES TOTALES
2g PROTEÍNAS

INTERCAMBIOS *diabéticos*

COMO PLATO PRINCIPAL POR PORCIÓN:
2 ALMIDÓN
1 1/2 GRASA

COMO ACOMPAÑAMIENTO POR PORCIÓN:
1 ALMIDÓN

PASTA PERFECTA

La pasta de cabello de ángel puede ser el plato perfecto cuando se acompaña con un toque de perejil y ajo. Esta pasta también será su favorita después del tratamiento.

INFORMACIÓN *nutritiva* POR PORCIÓN

CALORÍAS **204 kcal**
CALORÍAS DE GRASA **26%**
GRASA **6g**
GRASA SATURADA **1g**
COLESTEROL **0mg**
SODIO **3mg**
HIDRATOS DE CARBONO **32g**
FIBRA ALIMENTARIA **1g**
PROTEÍNAS **6g**

INTERCAMBIOS *diabéticos*

ALMIDÓN **1**
GRASA **1**

Ingredientes para 6-8 porciones

1 paquete de pasta de cabello de ángel de 12 onzas
3 cucharadas de aceite de oliva
1 cucharadita de ajo picado
2 cucharaditas de perejil picado

1. Cocine la pasta siguiendo las instrucciones del paquete. Escúrrala y póngala a un lado.
2. En una olla pequeña combine el resto de los ingredientes y rehóguelos durante unos minutos. Mézclelos con la pasta cocida.

SUGERENCIA SALUDABLE

Puede ser también un acompañamiento para cualquier otra receta.

CONSEJO nutritivo

Si después de la quimioterapia no tiene apetito, trate de comer a horas preestablecidas.

POLLO ASADO

D

El pollo tierno en su salsa es una de los platos más reconfortantes. Asegúrese de servirlo con arroz para que absorba todas los jugos del pollo.

Ingredientes para 6 personas

1 1/2 libras de pechugas de pollo cortadas en tiras
1/4 taza de la mezcla de harina para hacer bollería tipo *Biscuit*
1 cucharada de aceite de oliva
1 cucharada de ajo picado
1 cucharada de harina
1 lata de caldo de pollo sin grasa y bajo en sodio de 16 onzas

1. Precaliente el horno 375°F. Cubra con aceite aerosol antiadherente un molde para el horno rectangular de 3 cuartos de galón.
2. Reboce el pollo con la mezcla de bollería *Biscuit* y colóquelo en el molde que ya tiene preparado. Méteालo al horno 40 minutos.
3. Ponga al fuego una olla pequeña antiadherente con el aceite y el ajo picado; añada la harina poco a poco removiendo continuamente. Finalmente, vierta el caldo de pollo y llévelo a ebullición. Cocine la salsa hasta que espese ligeramente y viértala sobre el pollo. Cubra con papel de aluminio y continúe cocinándolo al horno de 20 a 30 minutos más, o hasta que el pollo esté listo.

INFORMACIÓN *nutritiva* POR PORCIÓN

173 kcal CALORÍAS
30% CALORÍAS DE GRASA
6g GRASA
1g GRASA SATURADA
73mg COLESTEROL
197mg SODIO
3g HIDRATOS DE CARBONO
0g FIBRA ALIMENTARIA
0g AZÚCARES TOTALES
25g PROTEÍNAS

INTERCAMBIOS *diabéticos*

3 CARNE SIN GRASA

SUGERENCIA SALUDABLE

Añada más aderezo si está experimentando cambios en el paladar.

CONSEJO *nutritivo*

Cuando no se sienta bien, alimentos sencillos y ricos en proteínas como estos le pueden ayudar a mantener sus niveles nutritivos.

POLLO ESTILO SCAMPI

Le va a encantar el sabor de este pollo, fácil de preparar y con un sabor italiano del aderezo "scampi".

INFORMACIÓN *nutritiva* POR PORCIÓN

CALORÍAS 166 kcal
CALORÍAS DE GRASA 32%
GRASA 6g
GRASA SATURADA 1g
COLESTEROL 74mg
SODIO 214mg
HIDRATOS DE CARBONO 2g
FIBRA ALIMENTARIA 0g
AZÚCARES TOTALES 1g
PROTEÍNAS 25g

INTERCAMBIOS *diabéticos*

CARNE SIN GRASA 3

Ingredientes para 6 personas

1 1/2 libras de pechugas de pollo sin piel y sin huesos
1 cucharada de aceite de oliva
2 cucharadas de queso *Parmesano* rallado
1 cucharada de perejil seco
1/4 cucharadita de ajo en polvo
Sal y pimienta al gusto
1 cucharada de orégano
3 cucharadas de jugo de limón
2 cucharadas de salsa *Worcestershire*

1. Combine todos los ingredientes en una bolsa de plástico hermética o en un plato. Asegúrese que el adobo cubra toda la carne, métalo en el refrigerador varias horas o durante toda la noche.
2. Precaliente la parrilla del horno. Cubra la bandjea del horno con papel de aluminio. Retire el pollo del adobo y colóquelo sobre la bandeja cubierta. Ponga la bandeja con el pollo como a 8 pulgadas de la parrilla superior del horno. Dele la vuelta una vez y métalo de nuevo al horno hasta que el pollo esté totalmente listo, como otros 15 minutos.

SUGERENCIA SALUDABLE

Cubra siempre las fuentes o bandejas que meta en el horno con papel de aluminio, para que sea más fácil la limpieza.

CONSEJO *nutritivo*

Esta comida rica en proteínas satisface las necesidades diarias de proteína para su cuerpo, y durante la quimioterapia le ayudará a promover la reparación de los tejidos dañados.

PASTEL CHESS

Cuando tenga antojos de dulces, esta tarta de crema es muy fácil y rápida.

Ingredientes para 8-10 personas

3/4 taza de azúcar
2 huevos
1 clara de huevo
1 taza de leche de mantequilla (más conocida como *buttermilk*)
3 cucharadas de harina
1 cucharadita de extracto de vainilla
1 cucharadita de extracto de mantequilla
1 base de masa de tarta congelada de 9 pulgadas

1. Precaliente el horno a 350°F. Cubra con aceite aerosol antiadherente un molde para el horno de 9 pulgadas .
2. En un tazón bata juntos el azúcar, los huevos, las claras de huevo, la leche, la harina, y los extractos de vainilla y mantequilla. Viértalo todo en la base de masa de tarta y métalo al horno de 30 a 35 minutos, o hasta que cuaje.

INFORMACIÓN *nutritiva* POR PORCIÓN

182 kcal CALORÍAS
32% CALORÍAS DE GRASA
7g GRASA
3g GRASA SATURADA
41mg COLESTEROL
156mg SODIO
28g HIDRATOS DE CARBONO
0g FIBRA ALIMENTARIA
16g AZÚCARES TOTALES
3g PROTEÍNAS

INTERCAMBIOS *diabéticos*

2 OTROS HIDRATOS DE CARBONO
1 1/2 GRASA

SUGERENCIA SALUDABLE

Si no tiene leche de mantequilla (más conocida como "buttermilk"), puede sustituirla mezclando una taza de leche con una cucharada de jugo de limón o vinagre; o puede sustituirlo también con una taza de yogur desnatado. Para estimular su apetito, trate de hacer ejercicio 30 minutos antes de cada comida.

CONSEJO *nutritivo*

Si sus gustos empiezan a cambiar, puede añadir más azúcar.

BIZCOCHO DE LIMÓN

Delicioso, ligero y con un sabor intenso a limón. Es muy rápido de preparar y es delicioso acompañado de fresas, arándanos, frambuesas o con cualquier mermelada. Se puede mantener en la nevera como un aperitivo.

INFORMACIÓN *nutritiva* POR PORCIÓN

CALORÍAS **227 kcal**
CALORÍAS DE GRASA **0%**
GRASA **0g**
GRASA SATURADA **0g**
COLESTEROL **0mg**
SODIO **329mg**
HIDRATOS DE CARBONO **51g**
FIBRA ALIMENTARIA **0g**
PROTEÍNAS **4g**

INTERCAMBIOS *diabéticos*

ALMIDÓN **1.5**
OTROS HIDRATOS DE CARBONO **2**

Ingredientes para 12 porciones

1 paquete de pudin de vainilla (para 6 personas)
1 yogur de limón de 8 onzas
1 envase de nata montada congelada sin grasa de 8 onzas
1 bizcocho tipo *Angel Cake* pre-cocinado

1. En un tazón grande bata el pudin y el yogur de limón; añada la nata montada.
2. Corte el bizcocho horizontalmente en tres capas. Coloque la capa inferior en un plato y cúbrala con un tercio de la mezcla de yogur y nata que acaba de hacer. Repetir dos veces más con el resto de las capas. Refrigerar.

SUGERENCIA SALUDABLE

Como alternativa, también puede utlizar pudin sin azúcar.

CONSEJO nutritivo

El limón y los sabores cítricos le pueden ayudar a reducir los sabores amargos, que son un efecto secundario habitual de la quimioterapia.

SOPA DE DURAZNO O MELOCOTÓN

POLLO ASADO

PASTEL DE PAN FLORENTINO

RISOTTO AL HORNO

PASTA PERFECTA

ENSALADA DE ATÚN

PANECILLOS DE CANELA

PAN DE CERVEZA

POLLO ESTILO SCAMPI

ENSALADA WALDROF

SALMÓN ASADO (PÁG. 34)

2

NEUTROPENIA

¿QUÉ ES LA NEUTROPENIA?

- *¿Tengo que estar aislado?*
- *¿Cuánto tiempo dura la neutropenia?*
- *¿Se pueden comer verduras y frutas sin cocinar una vez que la neutropenia haya disminuido?*

La neutropenia es un transtorno hematológico caracterizado por un número anormalmente bajo de neutrófilos, el tipo más importante de glóbulos blancos en la sangre, y es una complicación muy común después de atravesar un número extensivo de tratamientos. La mayoría de los fármacos quimioterapeúticos disminuyen el recuento sanguíneo hasta cierto grado. Esto es debido a que la quimioterapia destruye las células saludables, como los glóbulos blancos, los glóbulos rojos y las plaquetas que se producen en la médula ósea. El objetivo de la quimioterapia es destruir las células cancerígenas y permitir que las saludables se regeneren. Desafortunadamente, con cada tratamiento se destruyen células sin cáncer junto con las afectadas. Naúsea y vómitos son efectos directos de la destrucción de las células que recubren el tracto gastrointestinal. La pérdida de cabello se produce cuando la medicación destruye los folículos pilosos.

Normalmente, la neutropenia dura de 4 a 7 días, pero puede variar en cada caso y con cada tratamiento. Evite salir de casa y todo contacto con personas enfermas, hasta que su recuento sanguíneo mejore. Frutas y verduras frescas, carne y mariscos sin cocinar pueden contener bacteria, lo que implica que mientras su recuento de glóbulos blancos esté bajo será más fácil contraer infecciones; trate de evitarlos durante esta etapa. Puede convertirse en neutropénico después de tratamientos sucesivos, pero recuerde que la neutropenia sólo dura de 4 a 7 días en la mayoría de los casos, aunque puede alargarse en tratamientos de leucemia. Una vez recuperado el recuento normal de glóbulos blancos, podrá reanudar de nuevo sus actividades y dieta habituales.

Una vez más le recuerdo que durante el período de la neutropenia evite las frutas y verduras frescas, carne y mariscos crudos, ***pero recuerde que puede introducirlos de nuevo en su dieta una vez que el recuento sanguíneo vuelva a la normalidad.*** Espero que estas recetas le ayuden a preparar sus comidas durante esta etapa, ya que será más susceptible a contraer infecciones.

LISTA DE COMPRA DURANTE LA NEUTROPENIA

- Mantequilla o margarina
- Pan
- Queso
- Caldo enlatado
- Condimentos y especias secas
- Huevos
- Fruta enlatada
- Sémola
- Leche descremada
- Avena
- Pasta
- Patatas
- Pechugas de pollo deshuesadas y sin piel
- Verduras enlatadas, congeladas (las frescas tienen que estar cocinadas)
- Yogur
- Nata montada congelada

RECUERDE QUE...

- **Todo lo que coma tiene que estar cocinado**
- Puede comer frutas o verduras cocidas
- No coma frutas frescas, congeladas o secas
- No tome miel (reemplázela por almíbares)
- Evite las hierbas y especias crudas
- Puede comer queso procesado
- Puede comer fruta enlatada o cocinada
- Puede comer cualquier producto de panadería o bollería, gelatina, almíbares o siropes y helados preparados con productos pasteurizados
- Puede comer yogur
- Puede tomar sopas calientes cocinadas
- Puede comer panes, bollos y galletas que vengan en paquetes

PANQUEQUES O TORTITAS DE BATATA O CAMOTE

Un plato lleno de sabor. Sírvalos con sirope de arce ("maple syrup") y si lo desea añada nueces por encima.

Ingredientes para 16 tortitas

1 taza de puré de batata o camote, o 1 lata de 15 onzas escurrida
1 2/3 tazas de leche descremada
2 huevos
1 cucharada de aceite de colza
1 cucharadita de extracto de vainilla
1 taza de harina normal o integral (o una combinación de ambas)
1/2 taza de avena
3 cucharadas de azúcar moreno ligero
1 cucharada de levadura en polvo
1 cucharadita de bicarbonato de sodio
1 cucharadita de canela molida
1/4 taza de nueces tostadas (nueces pacanas)

1. En un tazón grande, mezcle las batatas o camotes, la leche, los huevos, el aceite y la vainilla.
2. En un tazón pequeño combine la harina, la avena, el azúcar, la levadura en polvo, el bicarbonato y la canela. Agregue los ingredientes secos y las nueces a la mezcla de batatas, revolviendo solo hasta combinar los ingredientes.
3. Caliente a fuego medio una sartén grande cubierta de aceite aerosol antiadherente. Utilice un 1/4 taza para cada tortita, cocínelas de 1 a 2 minutos por cada lado o hasta que estén ligeramente doradas. Repita el proceso con el aceite aerosol antes de cocinar cada tortita

D

INFORMACIÓN *nutritiva* POR PORCIÓN

102 kcal CALORÍAS
27% CALORÍAS DE GRASA
3g GRASA
0g GRASA SATURADA
27mg COLESTEROL
180mg SODIO
16g HIDRATOS DE CARBONO
1g FIBRA ALIMENTARIA
5g AZÚCARES TOTALES
3g PROTEÍNAS

INTERCAMBIOS *diabéticos*

1 ALMIDÓN
1/2 GRASA

SUGERENCIA SALUDABLE

Cocine tortitas extra y métalas en el congelador. Cuando necesite un desayuno rápido, simplemente caliéntelas en el microondas.

CONSEJO *nutritivo*

La harina integral y la avena le proporcionarán fibra extra para su dieta y deliciosos sabores.

SOPA DE ALCACHOFA

Cuando necesite una comida rápida y se le antoje una sopa, simplemente ponga todos los ingredientes en la licuadora, caliéntelos y sírvalos.

INFORMACIÓN *nutritiva* POR PORCIÓN

CALORÍAS 122 kcal
CALORÍAS DE GRASA 21%
GRASA 3g
GRASA SATURADA 1g
COLESTEROL 5mg
SODIO 986mg
HIDRATOS DE CARBONO 17g
FIBRA ALIMENTARIA 1g
PROTEÍNAS 5g

INTERCAMBIOS *diabéticos*

ALMIDÓN 1/2
OTROS HIDRATOS DE CARBONO 1 1/2
GRASA 1/2

Ingredientes para 6-8 personas

3 latas de corazones de alcachofa escurridas de 14 onzas
3 latas de crema de champiñones sin grasa y sin gluten de 10 3/4 onzas
1 taza de leche descremada
2 tazas de caldo de pollo en lata sin grasa y bajo en sodio
1/2 taza de vino blanco seco o caldo de pollo
Pizca de pimienta de cayena o pimentón picante

1. Ponga las alcachofas en el procesador de alimentos y hágalas puré. Agregue la sopa de champiñones, la leche, el caldo de pollo, el vino y la pimienta de cayena. Mézclelo todo bien. Caliéntelo en el microondas o al fuego.

SUGERENCIA SALUDABLE

Busque la sopa de crema de champiñones sin gluten para hacer esta receta más sana.

CONSEJO *nutritivo*

Es importante evitar frutas y verduras sin cocinar durante el proceso de la neutropenia, es por eso que las alcachofas en lata precocinadas es una manera ideal de disfrutar de las verduras.

ARROZ PERFECTO *(foto en la pág. 39)*

Este es el arroz perfecto, con toques dulces, para comer solo o para acompañar cualquier otra comida.

Ingredientes para 6 personas (1/2 taza por poción)

1 lata de Coca-Cola (normal o sin azúcar) de 12 onzas
1 taza de arroz

1. Vierta la Coca-Cola en la taza de medir y agregue agua hasta que tenga 2 tazas de líquido.
2. En una olla antiadherente, agregue la mezcla líquida y el arroz . Cocínelo siguiendo las instrucciones del arroz.

SUGERENCIA SALUDABLE

Cocine este arroz como acompañamiento del pollo con hierbas para que absorva todos los jugos.

CONSEJO nutritivo

Durante la neutropenia, evite comer todo tipo de alimentos crudos, pero recuerde que podrá disfrutarlos de nuevo una vez que el recuento sanguíneo mejore.

D

INFORMACIÓN *nutritiva* POR PORCIÓN

123 kcal CALORÍAS
0% CALORÍAS DE GRASA
0g GRASA
0g GRASA SATURADA
0mg COLESTEROL
8mg SODIO
27g HIDRATOS DE CARBONO
0g FIBRA ALIMENTARIA
0g AZÚCARES TOTALES
3g PROTEÍNAS

INTERCAMBIOS *diabéticos*

2 ALMIDÓN

LINGUINI FLORENTINO

Espinacas, pasta linguini y queso Parmesano, crean una combinación exquisita para cualquier menú, o sírvalo porciones más pequeñas como acompañamiento.

Ingredientes para 6 personas (1 1/4 taza por porción)

2 cucharadas de aceite de oliva
1 cucharadita de ajo picado
1 racimo grande de espinacas frescas, sin tallos y lavadas (de 5 a 6 tazas)
1 lata de leche evaporada y desnatada de 12 onzas
Sal y pimienta al gusto
1 paquete de fideos linguine de 16 onzas
1/3 taza de queso *Parmesano* rallado

1. En una sartén antiadherente grande caliente el aceite y añada el ajo y las espinacas. Cúbralo y cocínelo hasta que las espinacas se ablanden (como unos 3 minutos) revolviendo ocasionalmente. Agregue la leche y sazónelo al gusto con sal y pimienta.
2. Mientras tanto, prepare la pasta siguiendo las instrucciones del paquete. Mezcle la pasta escurrida con las espinacas; espolvoréelo con el queso.

SUGERENCIA SALUDABLE

Recuerde que las verduras cocinadas son buenas cuando su recuento de glóbulos blancos sea bajo. Evite comérselas crudas.

CONSEJO nutritivo

Las espinacas son muy nutritivas. Su intenso color verde refleja el alto contenido en fitonutrientes y flavonoides, con una protección antioxidante muy saludable.

INFORMACIÓN *nutritiva* POR PORCIÓN

402 kcal CALORÍAS
17% CALORÍAS DE GRASA
8g GRASA
2g GRASA SATURADA
7mg COLESTEROL
202mg SODIO
65g HIDRATOS DE CARBONO
3g FIBRA ALIMENTARIA
18g PROTEÍNAS

INTERCAMBIOS *diabéticos*

4 ALMIDÓN
1/2 LECHE DESCREMADA
1 GRASA

D G

INFORMACIÓN *nutritiva* POR PORCIÓN

CALORÍAS 257 kcal
CALORÍAS DE GRASA 29%
GRASA 8g
GRASA SATURADA 1g
COLESTEROL 80mg
SODIO 177mg
HIDRATOS DE CARBONO 8g
FIBRA ALIMENTARIA 1g
AZÚCARES TOTALES 7g
PROTEÍNAS 36g

INTERCAMBIOS *diabéticos*

OTROS HIDRATOS DE CARBONO 1/2
CARNE SIN GRASA 5

SALMÓN ASADO

Condimentos básicos para darle a este salmón un sabor dulce y picante. Muy fácil de preparar y delicioso.

Ingredientes para 4 personas

2 cucharadas de azúcar moreno ligero
4 cucharaditas de chile o pimentón picante en polvo
1 cucharadita de comino molido
1/4 cucharadita de canela molida
Sal y pimienta al gusto
4 filetes de salmón de unas 6 onzas cada uno

1. Precaliente el horno a 400°F. Cubra con aceite aerosol antiadherente un molde para el horno de 11 x 7 x 2 pulgadas.
2. En un tazón pequeño mezcle el azúcar, el chile en polvo o pimentón picante, comino y canela. Frote la mezcla de especias sobre el salmón y colóquelo en el molde para el horno.
3. Métalo al horno de 12 a 15 minutos o hasta que el salmón se desmenuce fácilmente cuando le inserte un tenedor.

SUGERENCIA SALUDABLE

Asegúrese que su salmón, como con todas las carnes, pescados y mariscos, esté bien cocinado para destruir cualquier bacteria.

CONSEJO *nutritivo*

La Asociación Americana del corazón ("American Heart Association") recomienda por lo menos dos porciones de pescado por semana (preferiblemente con grasa) para mejorar la salud del corazón.

POLLO CON ESPECIAS

Seleccione sus especias secas favoritas para crear un plato de pollo casero y muy jugoso. Sírvalo con arroz o pasta para aprovechar al máximo la salsa.

Ingredientes para 4 personas

1 3/4 libras de pechugas de pollo sin piel y sin hueso
2 cucharadas de jugo de limón
1 cucharada de ajo picado
Sal y pimienta al gusto
1/2 taza de harina
1 cucharada de aceite de oliva
2 tazas de caldo de pollo sin grasa
2 cucharadas de mostaza tipo *Dijon*
2-3 cucharadas de especias secas (albahaca, orégano o tomillo)

1. Coloque en una bolsa plástica hermética el pollo, el jugo de limón y el ajo; sazone con sal y pimienta a su gusto. Ponga el pollo en una fuente plana y rebócelo en harina.
2. Cubra una sartén grande con aceite aerosol antiadherente. Deje que se caliente el aceite, dore el pollo dándole la vuelta, como unos 5 minutos.
3. En un tazón pequeño combine el caldo, la mostaza y las especias; agréguelas a la sartén. Llévelo a ebullición y después póngalo al mínimo. Cúbralo y cocínelo hasta que el pollo esté tierno (como unos 20 minutos).

D

INFORMACIÓN *nutritiva* POR PORCIÓN

298 kcal CALORÍAS
27% CALORÍAS DE GRASA
7g GRASA
21g GRASA SATURADA
88mg COLESTEROL
426mg SODIO
18g HIDRATOS DE CARBONO
1g FIBRA ALIMENTARIA
38g PROTEÍNAS

INTERCAMBIOS *diabéticos*

1 CARNE SIN GRASA
1 ALMIDÓN
1 GRASA

SUGERENCIA SALUDABLE

Pasta sazonada con aceite de oliva es el acompañamiento perfecto.

CONSEJO *nutritivo*

Si está experimentando cambios en el gusto, puede añadir más especias para estimular su apetito y sus papilas gustativas, pero recuerde que debe evitar especias o adobos frescos, todo tiene que estar cocinado.

D

INFORMACIÓN *nutritiva* POR PORCIÓN

CALORÍAS	209 kcal
CALORÍAS DE GRASA	34%
GRASA	8g
GRASA SATURADA	1g
COLESTEROL	73mg
SODIO	222mg
HIDRATOS DE CARBONO	7g
FIBRA ALIMENTARIA	0g
AZÚCARES TOTALES	1g
PROTEÍNAS	25g

INTERCAMBIOS *diabéticos*

ALMIDÓN	1/2
CARNE SIN GRASA	3

SUGERENCIA SALUDABLE

Busque pechugas de pollo cortadas muy finas y sin grasa. Para aplastar la pechuga y hacerla más delgada, use un mazo de carne, cubra las pechugas con papel parafinado para cocinar y golpéelas. Sírvalas con pasta de cabello de ángel o con arroz rehogado en aceite de oliva y ajo.

CONSEJO *nutritivo*

Esta es una comida rica en proteínas que le ayudará a mejorar el crecimiento de sus tejidos dañados, y a mejorar su sistema inmunológico.

POLLO AL LIMÓN CON ALCAPARRAS

Ingredientes sencillos para crear un plato delicioso y elegante.

Ingredientes para 6 personas

1/3 taza de harina
Sal y pimienta al gusto
6 pechugas de pollo, sin huesos y sin piel, aplastadas para que estén más finas
2 cucharadas de aceite de oliva
1 cucharadita de ajo picado
1 1/2 tazas de caldo de pollo bajo en sodio
1/2 taza de jugo de limón
1/2 taza de vino blanco o caldo de pollo
1/4 taza de alcaparras escurridas

1. En una bolsa de plástico hermética, eche la harina junto con la sal y la pimienta. Agregue el pollo a la mezcla.
2. Caliente una sartén grande con aceite aerosol antiadherente. Añada las pechugas de pollo y cocínelas a fuego medio, hasta que se doren ligeramente de cada lado, de 3 a 4 minutos. Retírelo del fuego y sírvalo en un plato.
3. En esa misma sartén, agregue el ajo, el caldo de pollo, el jugo de limón, el vino y las alcaparras. Llévelo a ebullición, raspando los restos del fondo de la sartén para que se mezclen con el caldo. Añada el pollo, tápelo, reduzca el fuego al mínimo y cocínelo hasta que el pollo esté tierno, como de 10 a 15 minutos.

LASAÑA DE POLLO RÁPIDA

Si no le gusta cocinar, esta lasaña se prepara en minutos. Con sólo cinco ingredientes, se puede convertir en una de sus cenas favoritas.

Ingredientes para 10 personas

4 tazas de pechuga de pollo cortada en cubitos o en tiras
6 tazas de salsa de tomate sin grasa
1 paquete de pasta para lasaña sin hervir de 16 onzas
1 3/4 tazas de queso *Mozzarella* descremado rallado
2 paquetes de espinacas picadas descongeladas y escurridas de 10 onzas

1. Precaliente el horno 350° F. Cubra con aceite aerosol antiadherente un molde rectangular para el horno.
2. En un tazón grande combine el pollo y la salsa de tomate.
3. En el molde rectangular ya preparado, extienda una capa fina de salsa de tomate y pollo. Ponga unas láminas de pasta de lasaña; después añada más salsa con pollo, queso mozzarella y la mitad de las espinacas.
4. Repita el proceso con el resto de la pasta de lasaña, la salsa de tomate con el pollo, el queso y las espinacas.
5. Cubra la lasaña con papel de alumunio y métala al horno unos 50 minutos. Destápela y vuelva a meterla al horno 5 minutos más o hasta que empiece a hacer burbujas.

D

INFORMACIÓN *nutritiva* POR PORCIÓN

268 kcal CALORÍAS
48% CALORÍAS DE GRASA
5g GRASA
2g GRASA SATURADA
48mg COLESTEROL
588mg SODIO
31g HIDRATOS DE CARBONO
4g FIBRA ALIMENTARIA
9g AZÚCARES TOTALES
24g PROTEÍNAS

INTERCAMBIOS *diabéticos*

2 ALMIDÓN
3 CARNE SIN GRASA

SUGERENCIA SALUDABLE

Esta es una comida perfecta para dejar preparada de antemano. Congele las sobras para otra ocasión una vez que la lasaña esté fría. Córtela en porciones individuales, envuélvalas en plástico transparente y al congelador.

CONSEJO *nutritivo*

Si utiliza salsa de tomate para acompañar la pasta "saludable", esto le ayudará a reducir el sodio y el azúcar en su dieta.

BATATAS O CAMOTES CELESTIALES

Este es un postre excepcionalmente ligero y delicioso que se prepara por anticipado, con capas de batata o camote, canela, queso crema y cubierto con nata montada. Esta receta puede convertirse en una de sus favoritas.

INFORMACIÓN *nutritiva* POR PORCIÓN

CALORÍAS 223 kcal
CALORÍAS DE GRASA 38%
GRASA 9g
GRASA SATURADA 5g
COLESTEROL 22mg
SODIO 115mg
HIDRATOS DE CARBONO 31g
FIBRA ALIMENTARIA 2g
PROTEÍNAS 3g

INTERCAMBIOS *diabéticos*

OTROS HIDRATOS DE CARBONO 2
GRASA 2

Ingredientes para 16 porciones

1 taza de harina
1/4 taza + 2/3 taza de azúcar en polvo
1/3 taza de nueces picadas
6 cucharadas de mantequilla ablandada
1 paquete de queso crema de grasa reducida de 8 onzas
1 envase congelado de nata montada sin grasa, descongelado y dividido de 8 onzas
1 lata de batatas o camotes escurridos de 29 onzas
1/2 cucharadita de canela molida
1/4 taza de azúcar

1. Precaliente el horno a 350°F. Cubra con una capa de aceite aerosol antiadherente un molde para el horno de 13 x 9 x 2 pulgadas.
2. En un tazón grande combine la harina, 1/4 taza de azúcar en polvo, las nueces y la mantequilla. Viértalo en el molde para hornear y aplástelo bien como si fuera una masa. Métalo al horno unos 20 minutos. Sáquelo del horno y deje que se enfríe.
3. En un tazón grande mezcle el queso crema y el resto del 2/3 de taza de azúcar hasta que todo quede cremosa. Mezcle 3/4 taza de la nata montada sin grasa para cubrir el postre. Cuidadosamente esparza la mezcla del queso crema sobre la masa fría.
4. En un tazón grande, mezcle las batatas o camotes, la canela y el azúcar hasta que esté cremoso. Esparza la mezcla cuidadosamente sobre la mezcla del queso crema. Cubra el postre con el resto de la nata montada. Refrigérelo.

SUGERENCIA SALUDABLE

Este postre es bueno para tener en el refrigerador cuando se le antoje algo dulce. También le ayudará a aumentar el recuento de glóbulos blancos; recuerde que esta etapa sólo dura de 4 a 7 días.

CONSEJO *nutritivo*

Las batatas o camotes, son una excelente fuente de antioxidantes ricos en carotenoides gracias al intenso color naranja. Son ideales para reducir la inflamación en el cuerpo.

ARROZ PERFECTO

PANQUEQUES DE CAMOTE

SOPA DE ALCACHOFAS

POLLO AL LIMÓN CON ALCAPARRAS

POLLO CON ESPECIAS

SALMÓN ASADO

LASAÑA DE POLLO RÁPIDA

POLLO SCALLOPINI (PÁG. 48)

3

DIARREA

¿QUÉ ES LA DIARREA?

- *¿Cuándo va a parar?*
- *¿Debería dejar de beber y comer?*
- *¿Qué alimentos son los más adecuados en esta etapa?*
- *¿Puedo tomar medicación para la diarrea?*
- *Mi ano está dolorido, ¿qué puedo hacer?*

La diarrea es uno de los efectos directos de muchos tratamientos de radiación. También puede producirse después de ingerir ciertos medicamentos como *5-FU, CPT-11* y antibióticos. Cuando empiece con diarrea, lo primero que debe hacer es dejar de tomar comidas con fibra como nueces, semillas, cereales, legumbres, frustos secos y verduras y frutas frescas, además de laxantes. Siga las instrucciones de su médico cuando tenga que medicarse con *Lomotil*, *Immodium* o *Pepto Bismol* (medicamentos que ayudan a mejorar la digestión y evitar la diarrea). Beba todo lo que pueda después de haber ayunado de 2 a 4 horas; ingiera de 8 a 10 vasos de agua al día. Agua, caldo líquido y bebidas deportivas son opciones muy buenas para reemplazar los líquidos que se fueron con la diarrea. Evite los productos lácteos porque tienden a empeorar los síntomas, así como bebidas con gas. Líquidos muy fríos o muy calientes, alcohol, café o tabaco, pueden empeorar su diarrea. Asegúrese de beber constantemente para evitar la deshidratación.

Plátanos, arroz, compota de manzana y tostadas son alimentos ideales en cuanto los síntomas de la diarrea aminoren. Cuando pueda tolerar estas comidas, empiece a introducir poco a poco otras que no tengan mucha fibra, como pollo sin piel, huevos revueltos y frutas cocinadas o en lata y sin piel. Más opciones incluyen galletitas saladas, pasta (sin salsa), pan o gelatina. Evite alimentos altos en fibra como los cereales, fruta y verdura fresca, pan integral, avena o arroz integral.

Las nueces, los frijoles o habichuelas y los productos lácteos agravan la diarrea. Evite la cafeína y las comidas picantes. Una vez que la diarrea disminuya, puede empezar a introducir más alimentos en su dieta. Alimentos bajos en fibra y en grasa le ayudarán a sentirse mejor. Si su ano está dolorido, límpiese con una toallita húmeda sin alcohol y evite usar papel higiénico. La crema *Desitin* o una combinación de *Aquaphor* (9 partes) y *Questran* (1 parte), actuarán como barreras protectoras en su área rectal. Pregúntele a su médico si esos medicamentos son recomendables en su caso.

Si su diarrea empeora en un período de 24 horas, comuníqueselo a su médico. Aquí tiene algunas recetas y sugerencias que le ayudarán a controlar su diarrea y a volver a la normalidad.

- Tome caldo de pollo o cubitos de caldo disueltos en agua
- Coma alimentos altos en proteína y ligeros
- Haga porciones de comidas más pequeñas y coma con más frecuencia, observando qué alimentos puede tolerar
- Coma alimentos altos en calorías y bajos en fibra
- Evite jugos cítricos y bebidas con gas o sodas. Una alternativa a las sodas es beber agua mineral con toques de jugo de frutas
- Evite verduras y frutas frescas, o alimentos altos en fibra, nueces, cebollas, ajos y verduras crucíferas (repollo, brécol, etc.)
- Evite comidas picantes
- Evite comidas fritas y con grasa
- Beba muchos líquidos, poco o poco, con frecuencia y a temperatura ambiente
- Limite las bebidas con cafeína
- Coma alimentos bajos en fibra y ligeros, como pescado, pollo, huevos, plátanos, patatas, cereales bajos en fibra, galletitas saladas, pan y productos de panadería. Las galletitas saladas con mantequilla de cacahuete o maní y con queso es otra opción aceptable
- Trate descansar después de cada comida
- El jengibre en galletas o caramelos le puede ayudar a calmar el estómago
- Beba muchos líquidos sin gas durante el día, preferiblemente a temperatura ambiente porque se toleran mejor que los fríos o calientes
- Limite la ingestión de leche

- Evite bebidas y comidas que puedan producir gas, como las sodas, el chicle y verduras como brécol, coliflor, repollo, coles de Bruselas y frijoles. Puede beber soda si la deja abierta durante 10 minutos para que pierda el gas antes de ingerirla
- Coma y beba alimentos altos en sodio como caldos, sopas, bebidas deportivas, galletitas saladas y chip de patata horneados
- Coma y beba alimentos altos en potasio como jugos y néctares de frutas, bebidas deportivas, patatas sin piel y plátanos
- Coma alimentos altos en pectina como la compota de manzanas y los plátanos
- Evite masticar chicle, chicles sin azúcar y cualquier caramelo que contenga sorbitol
- Beba constantemente durante el día para evitar la deshidratación
- Cuando el médico se lo recomiende, puede ingerir fibra soluble para aliviar casos de diarrea moderados. La fibra soluble absorve el agua en el tracto digestivo, haciendo que las heces sean más duras y pasen más despacio. Fuentes de fibra soluble son: legumbres, avena, plátanos, manzanas, fresas, frambuesas, arándanos, brécol, zanahorias, patatas y batatas o camotes (sin piel).

ALIMENTOS QUE DEBE INCLUIR

- Tostadas, galletitas saladas y pretzels
- Gelatinas de sabores variados
- Compota de manzana
- Líquidos sin color
- Plátanos
- Arroz
- Ciruelas, melocotón o durazno, sandía y melón
- Calabazín y berenjenas

CUANDO NO SE SIENTA BIEN

Si sufre náusea o vómitos, trate de beber muchos líquidos para evitar deshidratarse. Durante el día, tome sorbos de agua, jugos o cualquier otro líquido que contenga calorías. Los líquidos a temperatura ambiente y transparentes son más fáciles de tolerar que los calientes o los fríos. Una vez que deje de vomitar, empiece a tomar alimentos fáciles de digerir como bebidas, galletitas saladas, gelatina y tostadas.

RECUERDE QUE...

- Coma de 6 a 8 comidas pequeñas diarias, en vez de tres menús grandes
- Coma alimentos secos, como galletitas saladas, cereales o pan tostado cuando se despierte y a lo largo del día
- Coma alimentos sin olores fuertes
- Como alimentos fríos, en vez de calientes y picantes
- Evite comidas excesivamente dulces, con grasa, fritas o picantes, especialmente postres y patatas fritas
- Siéntese o reclínese con la cabeza levantada por lo menos una hora después de comer si es que necesita descansar
- Beba con frecuencia para evitar la deshidratación
- Pregúntele a su médico por fármacos que le puedan ayudar a evitar las náuseas
- Trate de comer alimentos blandos y fáciles de digerir los días que esté bajo tratamiento. Comidas como la crema de trigo y la sopa de pollo con galletitas saladas le sentarán mejor que otras más pesadas
- Evite comer en una habitación caliente o con olores a comida. Trate de cocinar fuera en la barbacoa o utilice bolsas para cocer alimentos y así evitar olores
- Enjuáguese la boca antes y después de las comidas
- Si tiene mal sabor de boca, chupe un caramelo de menta o de limón
- Beba de 8 a 10 vasos de líquido diariamente, y si vomita, intente beber un vaso extra. Trate de beber de 30 a 60 minutos después decomer alimentos sólidos
- El jengibre le ayudará mucho con la naúsea. Trate de beber té o soda de jengibre que haya dejado abierta una 10 minutos para que pierda el gas

LISTA DE LA COMPRA DURANTE LA DIARREA

- Plátanos
- Pan
- Pechugas de pollo sin hueso y sin piel
- Queso
- Líquidos
- Bebidas deportivas
- Batidos nutritivos
- Pasta
- Pechuga de pavo asado
- Arroz
- Calabacín y calabaza

MAGDALENAS DE JENGIBRE

D

INFORMACIÓN *nutritiva* POR PORCIÓN

CALORÍAS 161 kcal
CALORÍAS DE GRASA 25%
GRASA 5g
GRASA SATURADA 0g
COLESTEROL 19mg
SODIO 140mg
HIDRATOS DE CARBONO 28g
FIBRA ALIMENTARIA 1g
AZÚCARES TOTALES 14g
PROTEÍNAS 2g

INTERCAMBIOS *diabéticos*

ALMIDÓN 2
GRASA 1/2

SUGERENCIA SALUDABLE

Guarde algunas de estas magdalenas congeladas para cuando no se sienta bien porque le darán mucho energía. Puede utilizar harina normal en vez de integral.

CONSEJO nutritivo

El jengibre es muy conocido por sus cualidades para combatir los síntomas de la náusea. ¡Estas magdalenas le van a ayudar mucho!

Estas magdalenas son esponjosas y están llenas de sabores intensos. Una merienda o desayuno ideal.

Ingredientes para 20 magdalenas

1 1/2 tazas de harina integral
1 taza de harina
1 cucharadita de jengibre fresco molido
1 cucharadita de canela molida
1/2 cucharadita de diente de clavo molido
1/2 taza de azúcar
1/3 taza de aceite de colza
1 taza de melaza ligera
2 huevos
1 taza de agua caliente
2 cucharaditas de bicarbonato de sodio

1. Precaliente el horno a 325°F. Cubra con aceite aerosol antiadherente los moldes para las magdalenas o use moldes de papel para el horno.
2. En un tazón grande combine las harinas, el jengibre, la canela y diente de clavo molido. Póngalo a un lado.
3. En un tazón mediano bata el azúcar y el aceite. Añada la melaza y los huevos batiendo hasta que se mezclen. En una taza aparte ponga el agua caliente con el bicarbonato de sodio; revuélvalo bien para que se disuelva y agréguelo a la mezcla de los huevos sin dejar de remover. Agréguele la harina, revolviendo sólo hasta que se combinen todos los ingredientes.
4. Utilice una cuchara para rellenar cada molde de magdalena, llénelos sólo hasta la mitad. Métalo al horno de 20 a 25 minutos o hasta que al insertar un palillo salga limpio.

PAN DE PLÁTANO

La mezcla de pan para hornear mantiene la receta simple, la crema de queso le da un sabor rico y las bananas maduras lo hacen cremoso; un pan excepcionalmente rápido. Por supuesto, ¡siempre incluyo nueces!

Ingredientes para 16 rebanadas

4 onzas de queso crema ligero
3/4 taza de azúcar moreno
2 huevos
1 1/2 tazas de plátanos hecho puré
1 3/4 de la mezcla de harina para hacer bollería tipo *Biscuit*
1 cucharadita de canela molida
1 taza de nueces pacanas (opcional)

1. Precaliente el horno a 350°F. Cubra con aceite aerosol antiadherente un molde de hacer pan de 9 x 5 x 3 pulgadas.
2. En un tazón grande mezcle el queso crema y el azúcar moreno hasta que estén cremosos. Agregue los huevos y los plátanos. Añada la mezcla de pan, canela y nueces. Viértalo todo en el molde de pan.
3. Métalo al horno de 40 a 45 minutos, o hasta que al insertar un palillo en el centro salga limpio.

INFORMACIÓN *nutritiva* POR PORCIÓN

138 kcal CALORÍAS
25% CALORÍAS DE GRASA
4g GRASA
2g GRASA SATURADA
28mg COLESTEROL
205mg SODIO
24g HIDRATOS DE CARBONO
4g FIBRA ALIMENTARIA
13g AZÚCARES TOTALES
3g PROTEÍNAS

INTERCAMBIOS *diabéticos*

1 ALMIDÓN
1/2 FRUTA
1/2 GRASA

SUGERENCIA SALUDABLE

Congele los plátanos, con o sin cáscara, cuando estén muy maduros, así siempre tendrá a mano el ingrediente esencial para esta receta.

CONSEJO *nutritivo*

Los plátanos son una fuente excelente de potasio y son muy fáciles de digerir.

PANQUEQUES O TORTITAS DE PLÁTANO (foto en la pág. 53)

Cuando no se sienta bien, una tortita o panqueque ligero le sentará muy bien.

Ingredientes para 10 porciones

1 taza de harina
1/2 taza de harina integral
2 cucharaditas de levadura en polvo
1/2 cucharadita de bicarbonato de sodio
2 plátanos maduros hechos puré
1 1/4 tazas de leche de mantequilla o *buttermilk*
1 huevo
1 cucharada de aceite de colza
1 cucharada de azúcar moreno
Acompañamiento de yogur y plátano (opcional)
2 plátanos en rodajas (opcional)

1. En un tazón grande mezcle las harinas, la levadura en polvo y el bicarbonato de sodio.
2. En otro tazón bata el puré de plátano, la leche *buttermilk*, el huevo, el aceite y el azúcar moreno. Vierta la mezcla en los ingredientes secos y mezcle sólo para combinarlos.
3. Caliente una sartén a fuego medio con aceite aerosol antiadherente. Vierta 1/4 taza de la mezcla en la sartén y déjela que se cocine hasta que haga burbujas. Dele la vuelta y cocínela por el otro lado hasta que estén doradas.
4. Si lo desea, puede servir cada tortita o panqueque con su acompañamiento de yogur y plátano (receta a continuación).

ACOMPAÑAMIENTO

Una mezcla muy baja en calorías y un complemento perfecto para las tortitas o panqueques.

1/2 taza de yogur griego descremado
1 cucharada de azúcar moreno
1 cucharadita de extracto de vainilla
2 plátanos en rodajas

1. En un tazón pequeño combine todos los ingredientes hasta que estén bien mezclados. Sirva la mezcla encima de las tortitas o panqueques.

D

INFORMACIÓN *nutritiva* POR PORCIÓN

CALORÍAS 124 kcal
CALORÍAS DE GRASA 18%
GRASA 2g
GRASA SATURADA 0g
COLESTEROL 20mg
SODIO 183mg
HIDRATOS DE CARBONO 22g
FIBRA ALIMENTARIA 2g
AZÚCARES TOTALES 6g
PROTEÍNAS 4g

INTERCAMBIOS *diabéticos*

ALMIDÓN 1 1/2

SUGERENCIA SALUDABLE

Mantenga panqueques extras en el congelador para un aperitivo o desayuno rápido. Si no tiene leche de mantequilla tipo "buttermilk", subtitúyala por una taza de leche descremada y una cucharada de jugo de limón.

CONSEJO *nutritivo*

Trate de usar harina integral o la mitad de cada harina, dependiendo como lo tolere, para aumentar la nutrición.

ARROZ Y FIDEOS

Disfrute del arroz y los fideos en un simple plato, que es el perfecto acompañamiento para cualquier comida.

Ingredientes para 6 porciones (3/4 taza por porción)

1 taza de arroz (sin cocinar)
1 cucharada de mantequilla
1 taza de fideos
2 3/4 tazas de caldo de verduras o de pollo envasado sin grasa y bajo en sodio
Sal y pimienta al gusto

1. Cubra una olla onda con aceite aerosol antiadherente, introduzca la mantequilla y el arroz. Rehóguelo hasta que el arroz esté dorado. Añada los fideos y el caldo; aderécelos con sal y pimienta a su gusto.
2. Llévelo a ebullición, baje el fuego y cocínelo a fuego lento cubierto con una tapa de 20 a 30 minutos, o hasta que el arroz y los fideos estén listos. Sírvalo.

D

INFORMACIÓN *nutritiva* POR PORCIÓN

160 kcal CALORÍAS
13% CALORÍAS DE GRASA
2g GRASA
0g GRASA SATURADA
6mg COLESTEROL
33mg SODIO
30g HIDRATOS DE CARBONO
1g FIBRA ALIMENTARIA
4g PROTEÍNAS

INTERCAMBIOS *diabéticos*

2 ALMIDÓN

SUGERENCIA SALUDABLE

Evite las especias como el chile en polvo o pimentón picante, el clavo molido, curry, salsas picantes, nuez moscada y pimienta. Las especias secas como la albahaca, el orégano y el tomillo son más fáciles de tolerar.

CONSEJO nutritivo

Corte la comida en pedazos para facilitar la digestión.

D

POLLO SCALOPINI

Un pollo muy fácil de preparar, ligero y lleno de sabores intensos.

INFORMACIÓN *nutritiva* POR PORCIÓN

CALORÍAS	258 kcal
CALORÍAS DE GRASA	38%
GRASA	11g
GRASA SATURADA	2g
COLESTEROL	91mg
SODIO	287mg
HIDRATOS DE CARBONO	7g
FIBRA ALIMENTARIA	1g
AZÚCARES TOTALES	0g
PROTEÍNAS	32g

INTERCAMBIOS *diabéticos*

ALMIDÓN	1/2
CARNE SIN GRASA	4

Ingredientes para 4 porciones

1/4 taza de harina
1/2 cucharadita de ajo en polvo
Pimienta al gusto
1 1/4 libras pechugas de pollo deshuesadas sin piel y aplastadas (4 pechugas)
2 cucharadas de aceite de oliva
1 1/4 tazas de caldo de pollo sin grasa
2 cucharadas de jugo de limón

1. En un tazón pequeño combine la harina, el ajo en polvo y la pimienta. Reboce las pechugas con la mezcla de harina.
2. Ponga al fuego una sartén antiadherente grande revestida con aceite aerosol antiadherente. Agregue las pechugas de pollo y cocínelas hasta que estén ligeramente doradas, como 4 minutos por cada lado.
3. Añada el caldo, llévelo a ebullición, reduzca el fuego, cúbralo y cocínelo a fuego lento hasta que el pollo esté tierno, de 15 a 20 minutos. Agregue jugo de limón y caliéntelo todo bien.

SUGERENCIA SALUDABLE

Cuando vaya a la tienda, puede comprar pechugas cortadas finas en vez de aplanar las pechugas con un mazo de carne.

CONSEJO nutritivo

Si se siente mareado durante el día, beba mucha agua, jugos y otros líquidos transparentes que contengan calorías.

PECHUGA DE PAVO GLASEADA

D G

El glaseado dulce y picante, hacen que una simple pechuga de pavo se convierta en excepcional. Las sobras son ideales para hacer bocadillos.

Ingredientes para 10-12 porciones

1 pechuga de pavo de 5 libras
1/3 taza de miel
3 cucharadas de mostaza tipo *Dijon*
1 1/2 cucharadita de hojas de tomillo seco
Sal y pimienta al gusto

1. Precaliente el horno a 325° F. Coloque la pechuga de pavo en una bandeja para asar. Sazónela con sal y pimienta al gusto.
2. En un tazón pequeño mezcle la miel, el tomillo y la mostaza. Vierta la mitad de la mezcla del glaseado sobre la pechuga de pavo y meta la bandeja en el horno (sin cubrir) unas 2 horas, o hasta que el termómetro de carne registre entre 170°F y 175°F en la parte más gruesa de la pechuga. Si es necesario, agregue un poco de agua en el fondo de la fuente. Durante los últimos 15 minutos, vierta el resto de la mezcla del glaseado sobre la pechuga y métala de nuevo al horno. Quite la piel de la pechuga (si es que la tiene) antes de servirla.

INFORMACIÓN *nutritiva* POR PORCIÓN

188 kcal CALORÍAS
7% CALORÍAS DE GRASA
1g GRASA
0g GRASA SATURADA
95mg COLESTEROL
152mg SODIO
8g HIDRATOS DE CARBONO
0g FIBRA ALIMENTARIA
33g PROTEÍNAS

INTERCAMBIOS *diabéticos*

4 1/2 CARNE SIN GRASA
1/2 HIDRATOS DE CARBONO

SUGERENCIA SALUDABLE

Tengo un amigo que prepara varias pechugas de pavo al mismo tiempo y después las congela para tenerlas listas para cualquier ocasión. También puede utilizar mostaza de miel como una alternativa para el glaseado.

CONSEJO *nutritivo*

La pechuga de pavo es una excelente fuente de proteína, baja en grasa y muy versátil: úsela en bocadillos, ensaladas y guisos.

D G

SOPA DE POLLO

Esta receta de sopa de pollo es una versión rápida y muy reconfortante. Añada más o menos condimentos dependiendo de cómo se sienta.

INFORMACIÓN *nutritiva* POR PORCIÓN

CALORÍAS 79 kcal
CALORÍAS DE GRASA 14%
GRASA 1g
GRASA SATURADA 0g
COLESTEROL 32mg
SODIO 166mg
HIDRATOS DE CARBONO 4g
FIBRA ALIMENTARIA 0g
AZÚCARES TOTALES 0g
PROTEÍNAS 12g

INTERCAMBIOS *diabéticos*

CARNE SIN GRASA 1

Ingredientes para 8 personas (una taza por porción)

1 taza de cebolla picada (opcional)
1 taza de zanahorias picadas (opcionales)
1 taza de apio picado (opcional)
6 tazas de caldo de pollo sin grasa y bajo en sodio
1/4 cucharadita de hojas de tomillo seco
1/4 taza de arroz
2 tazas de pechuga de pollo sin piel cocinado cortado en cubitos
Sal y pimienta al gusto

1. Cubra con aceite aerosol antiadherente una olla grande y sofría la cebolla, las zanahorias y el apio, de 5 a 7 minutos o hasta que estén tiernos. Agregue el caldo, el tomillo y el arroz. Llévelo a ebullición, reduzca el fuego, cúbralo y siga cocinándolo hasta que el arroz esté listo, como unos 20 minutos.

2. Agregue el pollo y sazónelo con sal y pimienta al gusto.

SUGERENCIA SALUDABLE

Si lo desea, añada más caldo del indicado para hacer una sopa más ligera.

CONSEJO *nutritivo*

Sopas ricas en proteína son una opción excelente para nutrirse cuando uno está padeciendo de diarrea.

POLLO CRUJIENTE AL HORNO

Pollo asado al horno, pero con un rebozado que lo hace muy crujiente.

Ingredientes para 8 porciones

1/2 taza de yogur descremado
1 paquete de aderezo en polvo tipo *Ranch* de 1 onza
1 libra de pechuga de pollo cortada en tiras finas
3 tazas de cereal de copos de maíz
1 cucharadita de pimentón dulce o *paprika*
Sal y pimienta al gusto

1. En una bolsa de plástico hermética mezcle el yogur y el paquete de aderezo tipo *Ranch*. Meta el pollo, asegurándose que el pollo esté bien cubierto con el aderezo. Métalo en la nevera durante dos horas o toda la noche.

2. Precaliente el horno a 375° F. Cubra con papel de aluminio una bandeja para el horno; ponga aceite aerosol antiadherente para que no se pegue.

3. Con las manos, deshaga los copos de maiz y mézclelos con la harina y el pimentón dulce, sazónelo con sal y pimienta al gusto. Saque el pollo de la bolsa y rebócelo con la combinación de harina y copos de maíz. Ponga el pollo en la fuente del horno.

4. Métalo al horno de 45 a 50 minutos hasta que el pollo esté listo y los copos de maíz dorados.

D

INFORMACIÓN *nutritiva* POR PORCIÓN

193 kcal CALORÍAS
15% CALORÍAS DE GRASA
3g GRASA
1g GRASA SATURADA
73mg COLESTEROL
546mg SODIO
14g HIDRATOS DE CARBONO
0g FIBRA ALIMENTARIA
2g AZÚCARES TOTALES
26g PROTEÍNAS

INTERCAMBIOS *diabéticos*

1 ALMIDÓN
3 CARNE SIN GRASA

SUGERENCIA SALUDABLE

Si necesita descansar después de comer, hágalo reclinado con su cabeza levantada por lo menos durante una hora para facilitar la digestión.

CONSEJO *nutritivo*

El aderezo tipo "Ranch" le da un sabor extra al pollo, pero si no se está sintiendo bien, puede usar sal y pimienta o cualquier otra especia que pueda tolerar.

PASTEL DE PAN

D

INFORMACIÓN *nutritiva* POR PORCIÓN

CALORÍAS 185 kcal
CALORÍAS DE GRASA 29%
GRASA 6g
GRASA SATURADA 1g
COLESTEROL 27mg
SODIO 248mg
HIDRATOS DE CARBONO 28g
FIBRA ALIMENTARIA 1g
PROTEÍNAS 5g

INTERCAMBIOS *diabéticos*

ALMIDÓN 1
FRUTA 1/2
OTROS HIDRATOS DE CARBONO 1/2
GRASA 1

¿No se siente bien pero quiere tener el desayuno preparado en cuanto se despierte? Prepare este delicioso plato la noche anterior y al día siguiente sólo abra el horno. El jugo de naranja y el jarabe o sirope de arce lo hacen dulce pero con menos calorías.

Ingredientes para 8 porciones

3 cucharadas de mantequilla derretida
1/3 taza de jarabe o sirope de arce o *maple syrup*
1 cucharadita de canela molida
1 huevo
4 claras de huevo
1 taza de jugo de naranja
8 rebanadas de pan

1. Precaliente el horno a 375° F. En una bandeja para el horno de 13 x9 x 2 pulgadas, combine la mantequilla y el jarabe de arce. Espolvoréelo con canela.
2. En un tazón grande bata las claras de huevo, el huevo y el jugo de naranja. Moje el pan en la mezcla de huevo y póngalos en la bandeja para el horno que ya tiene preparada. Métalo al horno de 20 a 25 minutos o hasta que el pan esté dorado.

SUGERENCIA SALUDABLE

Si le duele la boca, no haga esta receta porque el jugo de naranja le puede irritar más. Puede sustituir el jugo de naranja por leche descremada.

CONSEJO *nutritivo*

Si está padeciendo de diarrea, asegúrese de empezar comiendo plátanos, arroz y pan tostado antes de introducir otras comidas con menos fibra.

MAGDALENAS DE JENGIBRE

PAN DE PLÁTANO

ARROZ Y FIDEOS

PANQUEQUES O TORTITAS DE PLÁTANO

SOPA DE POLLO

POLLO CRUJIENTE AL HORNO

SOPA DE FRIJOLES NEGROS (PÁG. 65)

4

ESTREÑIMIENTO

ESTREÑIMIENTO

- *¿Con qué frecuencia tengo que tener una evacuación intestinal?*
- *¿Debería tomar un ablandador de heces?*
- *¿Por qué estoy tan estreñido cuando nunca he tenido este problema en el pasado?*
- *¿Qué alimentos me pueden ayudar para aliviar el estreñimiento?*

El estreñimiento puede ser un problema que le puede afectar en cualquier momento durante el tratamiento. Ciertos medicamentos analgésicos y asociados con la quimioterapia, como *Vincristine*, normalmente producen estreñimiento. Lo típico es tener una evacuación intestinal cada 48 a 72 horas, pero varía dependiendo de cada persona, por eso usted sólo debe preocuparse si nota una diferencia radical en su rutina diaria. Los ablandadores de heces como *Colace, Surfak* y *Senokot* son muy efectivos. Y no se olvide que debe beber de 6 a 8 vasos de agua diariamente. La fibra digerible como *Fibercon, Citrucel* o *Metamucil* también la ayudarán a mejorar los síntomas de su estreñimiento. Otros elementos que le ayudarán con su estreñimiento son los laxantes como la leche de magnesio, *Ducolax, Lactulose*, aceite mineral, citrato de magnesio, incluyendo el agua y ablandadores de heces o fibra digerible.

El estreñimiento provocará que su apetito disminuya y que se sienta malestar en todo su cuerpo. Los alimentos ricos en fibra, como el salvado, deben ser parte de su dieta diaria. Magdalenas hechas con jugo de ciruela en vez de agua también pueden ayudar con el problema. Las ensaladas de frutas, platos de verduras, legumbres, cereales, frutas secas, semillas, frutas y verduras sin cocinar, pan, bebidas de frutas, higos, uvas pasas, manzanas, arroz integral, pastel de pan y ciruelas cocinadas son unos de los alimentos que pueden ayudar a mantenerse más regular en sus visitas al baño. Si una dieta saludable, ablandadores de heces y laxantes fallan, consulte con su médico. Nunca debería pasar más de 72 horas sin un movimiento intestinal. A continuación tiene una lista de alimentos y recetas que le ayudarán. Recuerde siempre beber muchos líquidos durante el día, comer a horas preestablecidas y aumentar su ejercicio diario.

RECUERDE QUE...

- Beba de 8 a 10 vasos de líquido diariamente, con la aprobación de su doctor. Además del agua, trate de ingerir líquidos que contengan calorías, como el zumo de ciruela, jugos tibios, tés y limonada caliente
- Limite bebidas y alimentos que puedan provocarle gases, si es que estos le causan problemas. Debe evitar tomar bebidas gaseosas o con gas carbónico, brécol, col o repollo, coliflor, pepinos, frijoles o habichuelas secas, guisantes y cebollas
- Coma alimentos ricos en fibra, como panes, cereales integrales, frutas, verduras (crudas y cocidas, con cáscara y piel), palomitas de maíz y frijoles o habichuelas secas
- Cuando se levante por la mañana, coma alimentos que incluyan mucha fibra y una bebida caliente
- Aumente el consumo de alimentos ricos en fibra
- Añada verduras ralladas en todas sus recetas

- Agregue avena o salvado de trigo a sus guisados
- Trate de añadir 2 cucharas de salvado de trigo diariamente en sus comidas
- Puede añadir salvado de trigo a todo tipo de guisados y panes. Cuando empiece a consumir las 2 cucharadas diarias de salvado, le resultará muchísimo más fácil ir al baño. Recuerde que al aumentar la ingestión de salvado, tiene que beber más agua
- Trate de comer cereales y panes integrales
- Coma más verduras, crudas o cocidas
- Haga ejercicios ligeros después de comer
- Trate de beber una bebida caliente 30 minutos antes de su hora habitual para ir al baño

LISTA DE COMPRAS DURANTE EL ESTREÑIMIENTO

- Cebada
- Frijoles o habichuelas
- Salvado de trigo
- Mantequilla
- Caldo envasado
- Mostaza tipo *Dijon*
- Huevos
- Jugo de frutas
- Solomillo molido
- Frutas (frescas, congeladas, secas o enlatadas)
- Nueces
- Avena
- Pasta
- Arroz (integral o blanco)
- Ciruelas
- Uvas pasas
- Semillas
- Especias y condimentos (secos o frescos)
- Batatas o camotes y patatas
- Verduras (frescas, congeladas o enlatadas)
- Cereales y panes integrales

SOPA RÁPIDA DE VERDURAS

Una sopa muy rápida y colorida, que se hace usando productos enlatados y congelados.

Ingredientes para 6 personas (una taza por porción)

1/2 taza de cebolla picada
1 cucharadita de ajo picado
3 tazas de caldo de verduras de pollo, bajo en sodio y sin grasa
1 bolsa congelada de verduras mixtas de 16 onzas
1 lata de maíz dulce en crema de 14 3/4 onzas
1 lata de tomate asado y picado de 14 onzas
1 cucharada de salsa *Worcestershire*
1/4 taza de arroz
Sal y pimienta al gusto.

1. En una olla grande cubierta con aceite aerosol antiadherente, rehogue la cebolla y el ajo hasta que estén tiernos, como unos 5 minutos.
2. Añada el caldo, las verduras congeladas, el maíz dulce, los tomates y la salsa *Worcestershire*. Llévelo todo a ebullición, añada el arroz y reduzca el fuego. Cocínelo 15 minutos más. Condiméntelo a gusto con sal y pimienta.

INFORMACIÓN *nutritiva* POR PORCIÓN

CALORÍAS	158 kcal
CALORÍAS DE GRASA	5%
GRASA	1g
GRASA SATURADA	0g
COLESTEROL	0mg
SODIO	464mg
HIDRATOS DE CARBONO	35g
FIBRA ALIMENTARIA	5g
AZÚCARES TOTALES	10g
PROTEÍNAS	4g

INTERCAMBIOS *diabéticos*

ALMIDÓN	2
VERDURAS	1

SUGERENCIA SALUDABLE

Las sopas se congelan muy bien, así que haga de más y métala en el congelador para tener comidas extras.

CONSEJO *nutritivo*

También puede añadirle batatas o camotes pelados y frescos para añadir un toque dulce, más fibra y más nutrición. Y si lo desea puede sustituir el arroz normal por integral para aumentar la fibra.

LAXANTE NATURAL

No sabe my rico, pero funciona muy bien.

Ingredientes para 18 porciones (de 2 cucharadas cada una)

1 ¼ tazas de salvado de trigo
1 taza de jugo de ciruela
1 cucharada de melaza o miel
1 taza de puré de manzana

1. Mezcle todos los ingredientes y guárdelo en un recipiente tapado en el refrigerador hasta 7 días. Revuélvalo antes de ingerirlo. Tome 2 cucharadas cada noche cuando lo necesite.

INFORMACIÓN *nutritiva* POR PORCIÓN

CALORÍAS	28 kcal
CALORÍAS DE GRASA	0%
GRASA	0g
GRASA SATURADA	0g
COLESTEROL	0mg
SODIO	1mg
HIDRATOS DE CARBONO	7g
FIBRA ALIMENTARIA	2g
PROTEÍNAS	1g

INTERCAMBIOS *diabéticos*

FRUTA	1/2

SUGERENCIA SALUDABLE

Si dos cucharadas le provocan diarrea, trate de tomar sólo una. Si dos cucharadas no son suficientes, puede aumentar la dosis a 3 o 4 cucharadas. Si ésto no le funciona pruebe un laxante.

CONSEJO *nutritivo*

Puede comprar el jugo de ciruela en latas de 5 1/2 onzas. El alto contenido en fibra de este zumo actúa atrayendo el agua al colon y ablandando las heces para facilitar ir al baño. Beba siempre muchos líquidos cuando aumente la fibra.

ENSALADA DE MAÍZ Y FRIJOLES

D G

Una combinación rápida y fantástica que le resultará deliciosa.

Ingredientes para 6 porciones

1 lata de frijoles o habichuelas negras enjuagadas y escurridas de 15 onzas
1 1/2 tazas de maíz congelado
1 tomate picado
1/4 taza de cilantro fresco picado (opcional)
1/4 taza de cebolla roja
3 cucharadas de jugo de limón
2 cucharadas de aceite de oliva
Sal y pimienta al gusto

1. En un tazón grande, combine todos los ingredientes (acuérdese de descongelar el maíz antes de agregarlo). Refrigérelo hasta que esté listo para comer.

INFORMACIÓN *nutritiva* POR PORCIÓN

148 kcal CALORÍAS
32% CALORÍAS DE GRASA
5g GRASA
1g GRASA SATURADA
0mg COLESTEROL
204mg SODIO
21g HIDRATOS DE CARBONO
5g FIBRA ALIMENTARIA
3g AZÚCARES TOTALES
5g PROTEÍNAS

INTERCAMBIOS *diabéticos*

1 1/2 ALMIDÓN
1 GRASA

SUGERENCIA SALUDABLE

Está ensalada se combina perfectamente con un plato de pescado o pollo.

CONSEJO *nutritivo*

Al escurrir y enjuagar los frijoles o habichuelas en lata, se reduce el contenido de sodio un 40%.

BERENJENAS A LA PARMESANA

Una versión fácil y rápida de este popular plato italiano.

INFORMACIÓN *nutritiva* POR PORCIÓN

CALORÍAS 182 kcal
CALORÍAS DE GRASA 29%
GRASA 6g
GRASA SATURADA 3g
COLESTEROL 18mg
SODIO 519mg
HIDRATOS DE CARBONO 24g
FIBRA ALIMENTARIA 8g
PROTEÍNAS 10g

INTERCAMBIOS *diabéticos*

ALMIDÓN 1
VERDURAS 2
CARNE SIN GRASA 1

Ingredientes para 6 personas

2 berenjenas medianas, peladas y cortadas en rodajas de ½ pulgada (como 1 ½ libras)
2 cebollas finamente cortadas en aros
1 frasco de salsa de tomate marinara de 26 onzas
1 cucharadita de orégano seco
1 cucharadita de albahaca seca
1 1/2 tazas de queso *Mozzarella* rallado, descremado

1. Precaliente el horno a 350°F. Cubra con aceite aerosol antiadherente una bandeja cuadrada para el horno de 2 cuartos de galón.
2. Coloque las rebanadas de berenjena en la bandeja para el horno y cúbralas con la cebolla.
3. En un tazón mezcle la albahaca, el orégano y la salsa marinara. Viértalo uniformemente sobre las rebanadas de cebolla y berenjenas.
4. Métalo al horno de 40 a 45 minutos o hasta que las berenjenas estén tiernas. Espolvoree el queso Mozzarella por encima y vuelva a meterlas al horno 10 minutos más, o hasta que el queso se haya derretido.

IDEA PARA SERVIR

Sírvalo con pasta de cabello de ángel.

SUGERENCIA SALUDABLE

El antioxidante licopeno que encontramos en tomates enlatados, mejora sus cualidades al ser cocinado, al contrario de otras verduras.

CONSEJO *nutritivo*

La berenjena satisface mucho a pesar de contener muy pocas calorías. Tiene mucha fibra y casi nada de grasa.

ARROZ DEL SUR

Este es un plato principal o un acompañamiento sabroso y que se cocina simplemente abriendo latas. Aproveche para preparar esta receta cuando tenga sobras de arroz, o trate de utilizar arroz integral.

Ingredientes para 8 porciones (una taza por porción)

2 tazas de arroz cocinado
1 lata de maíz dulce escurrida (o maíz congelado) de 15 onzas
1 lata de frijoles o habichuelas negras enjuagados y escurridos de 15 onzas
1 lata de tomates y chiles verdes de 10 onzas
2 tazas de queso rallado tipo mexicano descremado
1 manojo de cebollas verdes picadas (guarde aparte 2 cucharadas)
1 lata de aceitunas negras en rodajas y escurridas de 2 1/4 onzas
1 taza de crema agria descremada

1. Precaliente el horno a 350°F. Cubra con aceite aerosol antiadherente una fuente rectangular para para el horno de 2 cuartos de galón.
2. Combine todos los ingredientes en la fuente usando sólo 1 3/4 tazas de queso. Métalo al horno de 45 a 50 minutos. Retírelo del horno y espolvoree por encima el resto del queso y las 2 cucharadas de cebollas verdes. Vuelva a meterlo al horno 5 minutos más o hasta que el queso esté derretido.

INFORMACIÓN *nutritiva* POR PORCIÓN

269 kcal CALORÍAS
23% CALORÍAS DE GRASA
7g GRASA
3g GRASA SATURADA
23mg COLESTEROL
720mg SODIO
5g HIDRATOS DE CARBONO
38g FIBRA ALIMENTARIA
5g AZÚCARES TOTALES
14g PROTEÍNAS

INTERCAMBIOS *diabéticos*

2 1/2 ALMIDÓN
1 1/2 CARNE SIN GRASA

SUGERENCIA SALUDABLE

Guarde las sobras y así tendrá un plato listo en cualquier momento. Sustituya arroz blanco por integral para aumentar la nutrición. Una taza de arroz blanco tiene menos de un gramo de fibra; una taza de arroz integral tiene 3 gramos de fibra.

CONSEJO *nutritivo*

Los frijoles o habichuelas tienen muy alto contenido en fibra y ayudan a controlar el peso. Cuando escurre y enjuaga los enlatados reducirá el sodio más de un 40%

CONSEJO *nutritivo*

Mantenga siempre maíz congelado para aumentar la dosis de fibra.

PASTEL DE MAÍZ

Una combinación deliciosa que puede acompañar a cualquier comida.

INFORMACIÓN *nutritiva* POR PORCIÓN

CALORÍAS	233 kcal
CALORÍAS DE GRASA	26%
GRASA	7g
GRASA SATURADA	1g
COLESTEROL	24mg
SODIO	446mg
HIDRATOS DE CARBONO	40g
FIBRA ALIMENTARIA	3g
AZÚCARES TOTALES	10g
PROTEÍNAS	5g

INTERCAMBIOS *diabéticos*

ALMIDÓN	2 1/2
GRASA	1

Ingredientes para 8 porciones

2 cucharadas de aceite de colza
1 huevo
1/2 taza de leche descremada
1/2 taza de cebolla picada
1/2 taza cebollas verdes picadas
1 1/2 tazas de maíz congelado
1 lata de maíz dulce cremoso de 15 onzas
1 paquete de mezcla para cocinar bollitos o magdalenas de maíz

1. Precaliente el horno a 350°F. Cubra con aceite aerosol antiadherente una bandeja para el horno de 9 x 9 x 2 pulgadas.
2. En un tazón grande mezcle bien el aceite, los huevos y la leche. Una vez mezclados, añada el resto de los ingredientes.
3. Transfiera la mezcla a la fuente para el horno que ya tiene preparada. Meta la bandeja al horno de 45 a 55 minutos o hasta que la mezcla esté cuajada y la parte superior dorada.

SUGERENCIA SALUDABLE

Si lo desea, puede utilizar maíz enlatado en lugar de congelado, pero tenga en cuenta que el congelado tiene más consistencia y sabor.

CONSEJO nutritivo

La mayoría de la fibra en el maíz no es soluble, lo que funciona como un laxante y ayuda a prevenir el estreñimiento.

BERENJENAS CON SALSA DE CHIPOTLE

Si tiene antojo de comer patatas fritas, ésta será la alternativa perfecta.

Ingredientes para 2-4 porciones

1/4 taza de migas de pan italiano o normal
1/4 taza de almendras picadas
1 cucharada de especias italianas
1/2 cucharadita de ajo en polvo
4 claras de huevo
1 berenjena mediana cortada en rodajas de ½ pulgada
Salsa de chipotle (ver receta)

1. Precaliente el horno a 475° F. Cubra con aceite aerosol antiadherente una bandeja para el horno.
2. En un tazón mezcle las migas de pan, las almendras, el ajo en polvo y las especias italianas.
3. En otro tazón bata las claras de huevo con un tenedor hasta que estén espumosas.
4. Sumerja las rodajas de berenjena en las claras, y luego rebócelas en la mezcla de migas de pan. Póngalas en la fuente para el horno. Cúbralas con aceite aerosol antiadherente.
5. Métalas al horno de 10 a 12 minutos. Sírvalas con salsa de chipotle (receta a continuación).

SALSA DE CHIPOTLE

1/4 taza de yogur de coco descremado
1 cucharada de chipotle en salsa de adobo (en lata)
1 cucharadita de miel o de miel de agave
1 cucharadita de jugo de limón
1 cucharadita de perejil picado
Sal y pimienta al gusto

1. En un tazón pequeño combine todos los ingredientes.

INFORMACIÓN *nutritiva* POR PORCIÓN

269 kcal CALORÍAS
23% CALORÍAS DE GRASA
7g GRASA
3g GRASA SATURADA
23mg COLESTEROL
720mg SODIO
5g HIDRATOS DE CARBONO
38g FIBRA ALIMENTARIA
5g AZÚCARES TOTALES
14g PROTEÍNAS

INTERCAMBIOS *diabéticos*

2 1/2 ALMIDÓN
1 1/2 CARNE SIN GRASA

SUGERENCIA SALUDABLE

Cubra la fuente para el horno con papel de aluminio para que no se manche tanto.

CONSEJO *nutritivo*

¿Sabía que las almendras son una fuente de calcio? Le ayudará a mantener sus huesos fuertes y saludables.

BATATAS O CAMOTES AL HORNO

Capas de sabores exquisitos, combinados con batatas dulces o camotes y con una salsa típica del suroeste de Estados Unidos, hecha con yogur y frijoles o habichuelas, y cubierta con cebollas verdes. Plato vegetariano que también puede usarse como acompañamiento.

INFORMACIÓN *nutritiva* POR PORCIÓN

CALORÍAS 372 kcal
CALORÍAS DE GRASA 12%
GRASA 5g
GRASA SATURADA 2g
COLESTEROL 9mg
SODIO 567mg
HIDRATOS DE CARBONO 66g
FIBRA ALIMENTARIA 14g
AZÚCARES TOTALES 13g
PROTEÍNAS 16g

INTERCAMBIOS *diabéticos*

ALMIDÓN 4
VERDURAS 1
CARNE SIN GRASA 1

Ingredientes para 4 personas

4 batatas o camotes medianos
1/2 taza de yogur griego descremado
1 1/2 cucharadita de chile o pimentón picante en polvo, dividida en partes iguales
1 cucharadita de comino molido, dividida en partes iguales
Una pizca de sal
1 cucharadita de aceite de oliva
1 pimiento rojo cortado sin semillas y cortados en cubitos
1/2 cebolla roja cortada en cubitos
1/2 cucharadita de pimentón dulce o *paprika*
1 lata de frijoles o habichuelas negras escurridas y enjuagadas de 15 onzas
1/2 taza de queso rallado mexicano descremado
1/4 taza de cebolla verde

1. Con un tenedor, haga agujeros en la batata o camote. Métalos en el microondas de 8 a 10 minutos o hasta que estén cocinadas y blandas.
2. En un tazón pequeño mezcle el yogur, media cucharadita del chile o pimentón picante en polvo, media cucharadita de comino y la sal. Póngalo aparte.
3. En una sartén pequeña antiadherente, caliente el aceite y rehogue el pimiento, la cebolla, el resto del chile o pimentón picante, el resto del comino y el pimentón dulce, hasta que la cebolla esté ligeramente caramelizada, como unos 5 minutos. Agregue los frijoles o habichuelas negras y déjelo al fuego hasta que esté caliente.
4. Corte la batata o camote por encima, como para hacer un hueco. Cubra cada batata o camote con queso, la mezcla de frijoles, la mezcla de yogur y las cebollas verdes picadas.

SUGERENCIA SALUDABLE

También puede cocinar las batatas o camotes en el horno a 400°F, durante una hora. Puede cortar los camotes por la mitad para servir porciones más pequeñas.

CONSEJO nutritivo

Las batatas o camotes son muy ricas en vitamina A y carotenoides gracias a su intenso color anaranjado que poseen propiedades antiinflamatorias.

SOPA DE FRIJOLES NEGROS

Para hacer esta sopa puede acortar el tiempo de preparación usando frijoles o habichuelas negras en lata.

Ingredientes para 8 porciones (una taza por porción)

1 cebolla picada
1 pimiento verde picado
1 cucharadita de ajo picado
1 lata de tomates picados asados con el jugo de 14 1/2 onzas
1 lata de chiles verdes picados de 4 onzas
1 cucharadita de comino en polvo
1 cucharadita de chile o pimentón picante en polvo
4 latas de 15 onzas de frijoles o habichuelas negras enjuagadas y escurridas
4 tazas caldo de verduras sin grasa y bajo en sodio
Sal y pimienta al gusto

1. En unaolla grande cubierta con aceite aerosol antiadherente, rehogue la cebolla, el pimiento verde y el ajo hasta que estén tiernos, como unos 7 minutos. Añada el resto de los ingredientes.
2. Retire como 2 tazas de frijoles o habichuelas negras y hágalos puré en una batidora o licuadora hasta que quede cremoso.
3. Ponga el puré que acaba de preparar de nuevo en la olla con el resto de los ingredientes y llévelo a ebullición. Baje el fuego, cocine a fuego lento de 10 a 15 minutos. Condimente con sal y pimienta al gusto.

INFORMACIÓN *nutritiva* POR PORCIÓN

212 kcal CALORÍAS
8% CALORÍAS DE GRASA
2g GRASA
0g GRASA SATURADA
0mg COLESTEROL
576mg SODIO
34g HIDRATOS DE CARBONO
14g FIBRA ALIMENTARIA
3g AZÚCARES TOTALES
13g PROTEÍNAS

INTERCAMBIOS *diabéticos*

2 ALMIDÓN
1 VERDURAS
1 CARNE SIN GRASA

SUGERENCIA SALUDABLE

Enjuague siempre los frijoles o habichuelas enlatadas para disminuir el contenido de sodio.

CONSEJO nutritivo

Los frijoles o habichuelas contienen mucha fibra y ácido fólico, lo que ayuda con la digestión y para controlar el peso.

SOPA DE COL VERDE RIZADA Y CALABAZA

Una sopa repleta de col verde rizada y calabaza amarilla, con toques cítricos y menta fresca. Un menú ideal para un día frío.

INFORMACIÓN *nutritiva* POR PORCIÓN

CALORÍAS 103 kcal
CALORÍAS DE GRASA 25%
GRASA 3g
GRASA SATURADA 0g
COLESTEROL 0mg
SODIO 138mg
HIDRATOS DE CARBONO 16g
FIBRA ALIMENTARIA 3g
AZÚCARES TOTALES 6g
PROTEÍNAS 4g

INTERCAMBIOS *diabéticos*

ALMIDÓN 1/2
VERDURAS 1
GRASA 1/2

Ingredientes para 11 personas (una taza por porción)

2 cucharadas de aceite de oliva
1/2 taza de zanahoria picada
1/2 taza de apio picado
1 cebolla picada
1 cucharadita de ajo picado
2 tazas de calabaza amarilla pelada tipo *butternut squash* cortada en cubos
4 tazas de caldo de pollo sin grasa y bajo en sodio
2 latas de tomates picados sin sal de 14 1/2 onzas
1 cucharadita de tomillo
2 tazas de col verde rizada o *kale* sin tallos y cortados
1 lata de garbanzos bajos en sodio enjuagados y escurridos de 15 onzas
Jugo y ralladura de una naranja grande, separado
Jugo y ralladura de limón pequeño, separado
4 hojas de menta fresca
Sal y pimienta al gusto

1. En una olla antiadherente grande, caliente el aceite a fuego medio y cocine las zanahorias, el apio y la cebolla, revolviendo ocasionalmente; cocínelos hasta que estén tiernos, de 5 a 7 minutos.
2. Agregue el caldo, la calabaza, el ajo, los tomates con su jugo y el tomillo. Llévelo a ebullición, reduzca el fuego y añada la col verde rizada y los garbanzos; cocínelo hasta que todo esté tierno, de 8 a 10 minutos.
3. Retírelo del fuego y añada los jugos de naranja y limón, y la menta fresca. Sazónelo con sal y pimienta a su gusto. Agregue la ralladura de naranja y limón antes de servirlo.

SUGERENCIA SALUDABLE

Para ahorrar tiempo, busque en el supermercado col verde rizada y calabaza amarilla previamente picada.

CONSEJO *nutritivo*

La col verde rizada aporta mucha nutrición. Solamente una taza le provee de fibra, 15% del calcio diario, 180% de vitamina A y 200% de vitamina C.

PASTEL DE MAÍZ

BERENJENAS A LA PARMESANA

BATATAS O CAMOTES AL HORNO

ENSALADA DE FRIJOLES Y MAÍZ

SOPA DE FRIJOLES NEGROS

ARROZ DEL SUR

SOPA DE PEPINOS Y AGUACATE (PÁG. 73)

5

dolor de boca O DE GARGANTA

DOLOR DE BOCA O DE GARGANTA

- *No tengo apetito, ¿ qué me puede ayudar?*
- *¿Debo comer alimentos fríos o calientes?*
- *¿Qué tipo de comidas son las más apropiadas?*

Lo normal es que le empiece a doler la boca de 7 a 10 días después de ciertos tratamientos de quimioterapia. Recuerde que cada día debe seguir una rutina estricta para cuidar su boca, preparando una cucharadita de bicarbonato de sodio y una de sal, mezcladas en un litro de agua. Enjuáguese la boca y escúpalo todos los días después de cada comida. Haga una mezcla fresca todas las mañanas y tírela al final del día.

Trate de comer alimentos blandos o en puré. Utilice una pajita o popote para beber líquidos y purés. Aproveche esta etapa para usar cubiertos de plástico y evitar el sabor metálico en la boca. Los alimentos a temperatura ambiente son más faciles de ingerir y los alimentos sin cocinar tienden a irritar todavía más, así que trate de evitarlos. Si las sugerencias anteriores no le ayudan, hable con su médico acerca de los siguientes estimulantes del apetito:

1 - *Megace* líquido, 800 mg. al día por 30 días. Disminuya la dosis a 400 mg. diarios.

2 - *Megace 40 mg,* dos veces al día y *Marinol 2,5 mg* por vía oral dos veces al día.

Si usted encuentra un alimento que pueda tolerar, no dude en comerlo cuantas veces pueda o quiera. El dolor y las llagas en la boca se asocian generalmente con un recuento muy bajo de glóbulos blancos. Tan pronto como el recuento sanguíneo aumente, el dolor desaparecerá. En ocasiones necesitará medicación como *Cephacol, Xylocaine* u otros analgésicos para aliviar el dolor de boca. Otras veces, puede simplemente tomar el analgésico media hora antes de cada comida, para que pueda comer sin dolor. Si tiene llagas en los labios, puede poner una pequeña cantidad de vitamina E para suavizarlos: perfore una cápsula de vitamina E de 500 unidades y exprima el contenido sobre la úlcera 3 veces al día.

Si tiene cualquier de estos problemas, coma alimentos cremosos, blandos, templados o fríos, para calmar el dolor. Trate de evitar alimentos duros, secos o ásperos. Comidas como frutas o jugos cítricos o ácidos, alcohol y comidas picantes le pueden causar más irritación y las debe evitar. Enjuaguarse la boca regularmente con una cucharadita de bicarbonato de sodio en un vaso de agua (de 8 onzas), o simplemente agua salada, le puede ayudar a prevenir infecciones y a mejorar la cicatrización.

RECUERDE QUE...

- Evite alimentos ácidos, cítricos o salados y jugos de pomelo, naranja, limón o lima; los alimentos en escabeche y vinagre, alimentos a base de tomate y caldos enlatados
- Evite alimentos de textura áspera, como tostadas, granola, frutas y verduras crudas
- Coma alimentos fríos o a temperatura ambiente. La comida muy caliente o muy fría le puede causar malestar
- Limite el alcohol, la cafeína y el tabaco. Estas sustancias le pueden secar la boca y la garganta y causar ms irritación

- Evite especias como el chile o pimentón picante en polvo, clavos, curry, salsas picantes, nuez moscada y pimienta
- Sazone los alimentos con especias como albahaca, orégano y tomillo
- Utilice una pajita o popote para beber líquidos y purés
- Trate de masticar chicle sin azúcar o caramelos sin azúcar
- Corte la comida en trozos pequeños
- Los alimentos cremosos y más fáciles de tragar incluyen sopas de crema, quesos, puré de patatas, pastas, yogur, huevos, natillas, flanes, cereales cocinados, helados, guisos, salsas, siropes, desayunos en general, batidos y suplementos nutritivos líquidos
- Tome sus comidas con líquidos que aporten nutrición
- Practique una buena higiene oral
- Use anestésicos orales como *Ulcerease*. Pídale a su médico que le receta un "cóctel" para el dolor y las úlceras de la boca. Para hacerlo necesita cantidades iguales de *Xylocaine, Maalox* y *Benadryl*. Enjuáguese la boca con esa mezcla y tráguéselo, cada 4 horas y según lo necesite para calmar el dolor

ALIMENTOS BLANDOS QUE LE PUEDEN AYUDAR

- Puré de manzana, plátanos, sandías y otras frutas blandas
- El queso tipo *Cottage* o requesón, batidos de leche o licuados y huevos revueltos
- Cremas y natillas, gelatinas de sabores variados y cereales cocinados (avena, crema de trigo, etc.)
- Puré de patatas y de batatas o camotes, macarrones con queso y puré de verduras

LISTA DE COMPRAS DURANTE EL DOLOR DE BOCA

- Pan, mantequilla, huevos, miel
- Crema de trigo, sémola
- Puré de manzana, frutas pero que no sean cítricas (frescas, congeladas o enlatadadas) y verduras (frescas, congeladas oenlatadas)
- Leche, queso tipo *Cottage* o requesón, helado, helado de yogur, queso, yogur
- Batidos nutricionales
- Pastel de pan, natillas y cremas dulces, gelatinas de sabores variados, nata montada congelada

PASTEL DE PAN CON MORAS

Este es un pastel de pan que se puede preparar con anticipación y que le ayudará con el dolor de boca. Es ligero y fácil de preparar. Dependiendo de cómo se sienta puede añadir la mermelada de mora o usar otra de sus favoritas.

Ingredientes para 10 porciones

1 barra de pan francés o integral grande, cortada en cuadrados de 1 pulgada
1 frasco de mermelada de mora sin semillas de 10 onzas
1 paquete de queso crema descremado de 8 onzas
1/3 taza de azúcar
1/4 taza de leche descremada
2 huevos
4 claras de huevo
1/2 taza de azúcar moreno ligero
2 tazas de crema sin grasa
1 cucharada de extracto de vainilla
1 cucharadita canela molida

1. Cubra con aceite aerosol antiadherente una bandeja para el horno de 13 × 9 × 2 pulgadas.
2. Coloque la mitad de los cuadrados del pan en la bandeja que ya tiene preparada. En un plato apto para microondas, caliente la mermelada de moras hasta que se derrita, revolviéndola bien. Viértala sobre el pan.
3. En un tazón bata el queso crema, 1/3 taza de azúcar y la leche hasta que todo esté cremoso. Viértalo sobre la mezcla de pan y cúbralo con el resto de los cuadrados de pan.
4. En otro tazón, bata los huevos, las claras de huevo, el azúcar, la crema, el extraxto de vainilla y la canela. Vierta la mezcla uniformemente sobre la fuente de pan. Presione con cuidado el pan en la mezcla líquida para que lo absorva, cúbralo y refrigérelo el más tiempo posible y si puede durante toda la noche.
5. Precaliente el horno a 325°F. Métalo al horno cubierto con papel de alumunio de 30 a 35 minutos; destápelo y métalo de nuevo de 5 a 10 minutos o hasta que el pan esté dorado.

INFORMACIÓN *nutritiva* POR PORCIÓN

CALORÍAS	375 kcal
CALORÍAS DE GRASA	16%
GRASA	7g
GRASA SATURADA	4g
COLESTEROL	59mg
SODIO	482mg
HIDRATOS DE CARBONO	66g
FIBRA ALIMENTARIA	1g
AZÚCARES TOTALES	35g
PROTEÍNAS	14g

INTERCAMBIOS *diabéticos*

ALMIDÓN	2
OTROS HIDRATOS DE CARBONO	2 1/2
CARNE SIN GRASA	1
GRASA	1/2

SUGERENCIA SALUDABLE

Hay momentos en los que una persona con cáncer necesita más proteínas, para asegurar la reconstrucción de los tejidos del cuerpo y para mantener un sistema inmunológico saludable.

CONSEJO nutritivo

Buenas fuentes de proteína: carne sin grasa, pescado, pollo, productos lácteos, nueces, legumbres secas, guisantes, lentejas y productos de soja.

SOPA DE PEPINOS Y AGUACATE

D G

Los pepinos y los aguacates son la combinación perfecta para una sopa fría.

Ingredientes para 6 porciones (3/4 taza por porción)

1 aguacate grande pelado, deshuesado y cortado por la mitad
2 pepinos pelados, sin semillas y en mitades
1 taza de caldo de pollo o de verduras sin grasa y bajo en sodio
1 taza de leche evaporada descremada
2 cucharadas zumo de limón
Sal y pimienta al gusto

1. Mezcle en la licuadora o procesadora de alimentos, el aguacate, los pepinos, el caldo de pollo o de verdura, la leche evaporada y el jugo de limón hasta que quede cremeso. Condiméntelo al gusto. Refrigérelo cubierto hasta que se enfríe.
2. Si la sopa le resulta demasiado espesa, añádale más caldo o más leche evaporada.

INFORMACIÓN *nutritiva* POR PORCIÓN

99 kcal CALORÍAS
46% CALORÍAS DE GRASA
5g GRASA
1g GRASA SATURADA
2mg COLESTEROL
64mg SODIO
10g HIDRATOS DE CARBONO
3g FIBRA ALIMENTARIA
7g AZÚCARES TOTALES
5g PROTEÍNAS

INTERCAMBIOS *diabéticos*

1 VERDURAS
1/2 LECHE DESCREMADA
1 GRASA

SUGERENCIA SALUDABLE

Para sacarle las semillas a los pepinos, simplemente córtelos por la mitad y pase un cuchillo o cuchara por el centro, raspando las semillas.

CONSEJO nutritivo

Los aguacates contienen grasas no saturadas muy saludables, que ayudan a que su cuerpo absorba las vitaminas más fácilmente y a mantener las membranas de las células.

SÉMOLA DE QUESO

La sémola es muy fácil de preparar satisface mucho. Si no la come inmediatamente, va a tener que añadir más leche para que esté cremosa.

INFORMACIÓN *nutritiva* POR PORCIÓN

CALORÍAS 175 kcal
CALORÍAS DE GRASA 20%
GRASA 4g
GRASA SATURADA 2g
COLESTEROL 11mg
SODIO 175mg
HIDRATOS DE CARBONO 24g
FIBRA ALIMENTARIA 0g
AZÚCARES TOTALES 3g
PROTEÍNAS 10g

INTERCAMBIOS *diabéticos*

ALMIDÓN 1 1/2
CARNE SIN GRASA 1

Ingredientes para 6 porciones (como 1/2 taza por porción)

2 tazas de caldo de pollo sin grasa y bajo en sodio
1 1/2 tazas de leche descremada
1 taza de sémola rápida
1 taza de queso tipo *Cheddar* rallado y descremado
1 cucharadita de salsa *Worcestershire*

1. En una olla antiadherente hierva el caldo y la leche. Añada la sémola y reduzca el fuego. Cocínelo durante 5 minutos, revolviéndolo ocasionalmente.
2. Agregue el queso y la salsa *Worcestershire*. Rrevuélvalo hasta que el queso se derrita.

SUGERENCIA SALUDABLE

Alimentos fríos o a temperatura ambiente son más fácil de ingerir cuando tenga dolor de boca.

CONSEJO *nutritivo*

Para aumentar de peso, no use ingredientes que sean bajos en grasa.

ENSALADA DE SANDÍA Y MELÓN

D G

Una ensalada ligera y refrescante de sandía y melón, aderezada con albahaca fresca. ¡Delicioso!

Ingredientes para 6 porciones (1/2 taza por porción)

2 tazas de sandía cortadas en cuadraditos o bolas
1 taza de melón cortado en cuadraditos o bolas
2 cucharadas de jugo de limón
2 cucharadas de miel
2 cucharadas de menta fresca picada
2 cucharaditas de albahaca secas o 1 cucharadita de albahaca fresca picada
Sal y pimienta al gusto
1/4 taza de queso tipo *Feta* descremado

1. En un tazón grande, combine la sandía y el melón.
2. En un tazón pequeño mezcle la albahaca, la miel, la menta y el limón; condiméntelo a su gusto con sal y pimienta. Vierta la mezcla de miel sobre la sandía y el melón; métalo en la nevera hasta que esté listo servir. Añada el queso *Feta* por encima antes de servir.

INFORMACIÓN *nutritiva* POR PORCIÓN

60 kcal CALORÍAS
11% CALORÍAS DE GRASA
1g GRASA
0g GRASA SATURADA
2mg COLESTEROL
89mg SODIO
13g HIDRATOS DE CARBONO
1g FIBRA ALIMENTARIA
11g AZÚCARES TOTALES
2g PROTEÍNAS

INTERCAMBIOS *diabéticos*

1 FRUTA

SUGERENCIA SALUDABLE

Puede preparar esta ensalada la noche anterior para que los sabores se mezclen mejor.

CONSEJO *nutritivo*

Esta ensalada está llena de antioxidantes carotenoides que se encuentran en sandías y melones, y que le ayudarán mejorar su sistema inmunológico.

SOPA FÁCIL DE PATATA

Lo que hace que esta sopa sea tan sencilla es utilizar patatas ralladas congeladas, lo que significa que no tiene que pelar nada.

INFORMACIÓN *nutritiva* POR PORCIÓN

CALORÍAS	256 kcal
CALORÍAS DE GRASA	2%
GRASA	1g
GRASA SATURADA	0g
COLESTEROL	2mg
SODIO	1051mg
HIDRATOS DE CARBONO	51g
FIBRA ALIMENTARIA	4g
AZÚCARES TOTALES	10g
PROTEÍNAS	13g

INTERCAMBIOS *diabéticos*

ALMIDÓN	3
LECHE DESCREMADA	1/2

Ingredientes para 8 porciones (una taza por porción)

6 tazas de patatas ralladas congeladas (parcialmente descongeladas)
6 tazas de caldo de pollo o de verduras sin grasa
1 cebolla picada
1/4 taza de harina
1 lata de leche evaporada dividida de 12 onzas
3/4 taza de yogur griego descremado
Sal y pimienta al gusto
Tocino de pavo, queso, cebollas verdes y aderezos opcionales

1. En una olla grande antiadherente combine las patatas ralladas, el caldo y la cebolla; llévelos a ebullición, reduzca el fuego y cocínelo cubierto de 8 a 10 minutos.
2. En un tazón pequeño, bata la harina con 1/3 taza de leche evaporada. Agrégue a la mezcla de las patatas, junto con el resto de la leche. Llévelo a ebullición, reduzca el fuego y cocínelo removiendo 5 minutos más o hasta que se espese.
3. Retírelo del fuego y añada el yogur hasta que esté todo bien mezclado. No lo hierva una vez que haya añadido el yogur. Condiméntelo a su gusto.

SUGERENCIA SALUDABLE

El yogur griego es mucho más cremoso y consistente. Si se siente mejor, puede añadir condimentos como cebollas verdes, tocino de pavo o queso.

CONSEJO *nutritivo*

El yogur griego tiene mucho más calcio que el yogur normal.

PASTEL DE POLLO

Un plato clásico y rápido, lleno de savor y que se puede preparar en sólo minutos.

Ingredientes para 6 porciones (2/3 taza por porción)

1 libra pechugas de pollo sin piel y sin hueso, cortadas en trozitos pequeños
Sal y pimienta al gusto
4 cucharadas de harina
2 tazas de caldo de pollo sin grasa y bajo en socio
1/2 taza de batatas o camotes pelados y picados en cuadraditos
1 cucharadita de hojas de tomillo seco
2 tazas de verduras mixtas congeladas
Masa refrigerada para 5 panecillos (tipo *Flaky Biscuits*)

1. Precaliente el horno a 400°F. Cubra con aceite aerosol antiadherente una fuente para el horno.
2. En una sartén grande antiadherente rociada con aceite aerosol antiadherente, cocine las pechugas de pollo a fuego medio de 5 a 7 minutos o hasta que se doren. Condiméntelas con sal y pimienta a su gusto.
3. Añada la harina. Poco a poco empiece a añadir el caldo, revolviéndolo a fuego medio hasta que empiece a hacer burbujas. Añada las batatas o camotes y llévelo a ebullición, revolviéndolo como unos 5 minutos. Añada el tomillo.
4. Agregue las verduras mixtas y cocínelas como 5 minutos más, hasta que estén tiernas. Transfiera la mezcla de pollo al plato preparado. Divida la masa de los panecillas en capas y utilízelas para cubrir la fuente con el pollo y las verduras. Métalo al horno de 10 a 12 minutos o hasta que la masa esté dorada.

D

INFORMACIÓN *nutritiva* POR PORCIÓN

182 kcal CALORÍAS
17% CALORÍAS DE GRASA
3g GRASA
1g GRASA SATURADA
48mg COLESTEROL
298mg SODIO
19g HIDRATOS DE CARBONO
2g FIBRA ALIMENTARIA
3g AZÚCARES TOTALES
19g PROTEÍNAS

INTERCAMBIOS *diabéticos*

1 ALMIDÓN
1 VERDURAS
2 1/2 CARNE SIN GRASA

SUGERENCIA SALUDABLE

Para ahorrar tiempo, puede utilizar sobras de pollo del día anterior, o pollo asado. Corte el pollo y las verduras en pedacitos muy pequeños para ayudarle a tragar mejor.

CONSEJO nutritivo

Esté es un plato muy completo. Las zanahorias y las batatas o camotes le darán los betacarotenos y la fibra que necesita, mientras que el apio es muy rico en vitamina C y ácido fólico.

PATATAS DOBLES CREMOSAS

Una combinación de patatas y batatas o camotes que crean un plato cremoso y nutritivo al mismo tiempo, ya que las batatas son ricas en betacarotenos y vitaminas. Muy fácil de ingerir y lleno de nutrición.

D G

INFORMACIÓN *nutritiva* POR PORCIÓN

CALORÍAS 292 kcal
CALORÍAS DE GRASA 9%
GRASA 2g
GRASA SATURADA 1g
COLESTEROL 6mg
SODIO 86mg
HIDRATOS DE CARBONO 43g
FIBRA ALIMENTARIA 5g
AZÚCARES TOTALES 12g
PROTEÍNAS 4g

INTERCAMBIOS *diabéticos*

ALMIDÓN 3

Ingredientes para 6 porciones (2/3 de taza por porción)

1 1/4 libras patatas peladas y cortadas en cuadrados
1 1/4 libras batatas o camotes pelados y cortados en cuadrados
1 cucharada de mantequilla
2/3 taza de leche descremada
2 cucharadas de miel
Sal y pimienta al gusto

1. En una olla grande, hierva las patatas y batatas o camotes con agua suficiente para cubrirlas. Hiérvalas de 20 a 25 minutos o hasta que las estén tiernas. Escúrralas y transfiéralas a un tazón grande.
2. Añada el resto de los ingredientes y aplástelos hasta que se hagan puré.

SUGERENCIA SALUDABLE

Comidas cremosas y fáciles de ingerir incluyen sopas en crema, queso, puré de patata, pasta, yogur, huevos, natillas, avean, helado, salsas suaves, siropes, desayunos, batidos y bebidas nutricionales.

CONSEJO *nutritivo*

Las patatas son ricas en vitamina B6, C, hierro, magnesio, niacina y potasio. Las batatas o camotes proveen vitamina A, B6 y C.

BATIDO VERDE

Un batido fresco y lleno de energía que podrá tomar en cualquier momento del día.

Ingredientes para 2 porciones (una taza por porción)

1 taza de espinacas
1/3 taza de agua de coco
1/3 taza de yogur griego con sabor a vainilla
1/3 taza de leche descremada
1/2 plátano

1. Combine todos los ingredientes en una licuadora o batidora y hágalos puré hasta que esté todo cremoso, como un minuto.

INFORMACIÓN *nutritiva* POR PORCIÓN

79 kcal CALORÍAS
3% CALORÍAS DE GRASA
1g GRASA
0g GRASA SATURADA
1mg COLESTEROL
90mg SODIO
14g HIDRATOS DE CARBONO
2g FIBRA ALIMENTARIA
10g AZÚCARES TOTALES
6g PROTEÍNAS

INTERCAMBIOS *diabéticos*

1/2 FRUTA
1/2 LECHE DESCREMADA

SUGERENCIA SALUDABLE

Añada más líquido pero mejorar la consistencia, o más hielo para hacerlo más espeso.

CONSEJO nutritivo

Las espinacas están llenas de nutrientes con protección antioxidante. Añádalas a cualquier plato o batido.

BATIDO DE BAYAS

Refrescante, relajante y delicioso.

Información nutritiva por porción

CALORÍAS 99 kcal
CALORÍAS DE GRASA 0%
GRASA 0g
GRASA SATURADA 0g
COLESTEROL 0mg
SODIO 27mg
HIDRATOS DE CARBONO 21g
FIBRA ALIMENTARIA 3g
AZÚCARES TOTALES 17g
PROTEÍNAS 4g

Intercambios diabéticos

HIDRATOS DE CARBONO 1 1/2
LECHE DESCREMADA 1/2

Ingredientes para 2 porciones (3/4 taza por porción)

1 taza de fresas frescas o congeladas
1/2 taza de arándanos
1 cucharada de azúcar
1/4 taza de leche descremada
1/4 taza de yogur griego de vainilla descremado

1. Combine todos los ingredientes en un procesador de alimentos o licuadora y tritúrelos hasta que estén bien mezclados. Servir inmediatamente o refrigerar.

SUGERENCIA SALUDABLE

Usar una pajita o popote para beber líquidos y batidos le puede ayudar con dolor en la boca.

CONSEJO nutritivo

El yogur griego tiene más proteína y contiene menos azúcar que otros yogures.

HELADOS DE ZANAHORIA, MANGO, FRESA Y JENGIBRE

Nutritivo y delicioso, fresco y relajante.

Ingredientes para 12 helados (de 4 onzas cada uno)

4 zanahorias peladas y cortadas en trozos
1 1/2 tazas de mango picado
1 1/2 taza de fresas
1/2 cucharadita de jengibre fresco rallado
Miel de agave o miel al gusto
1 taza de agua de coco

1. Cocine las zanahorias en el microondas o al fuego con una pequeña cantidad de agua, hasta que estén blandas.
2. Transfiéralas al procesador de alimentos o licuadora y hágalas puré hasta que esté cremoso.
3. Agregue el mango, las fresas y el jengibre; hágalos puré hasta que todo este bien mezclado. Agregue el agua de coco, la miel o el agave, y mézclelo todo bien hasta que esté cremoso.
4. Vierta la mezcla en moldes de helados de hielo, paletas o en un molde de cubitos de hielo. Métalos en el congelador hasta que estén sólidos.

D G

INFORMACIÓN *nutritiva* POR PORCIÓN

33 kcal CALORÍAS
6% CALORÍAS DE GRASA
0g GRASA
0g GRASA SATURADA
0mg COLESTEROL
38mg SODIO
8g HIDRATOS DE CARBONO
2g FIBRA ALIMENTARIA
5g AZÚCARES TOTALES
1g PROTEÍNAS

INTERCAMBIOS *diabéticos*

1/2 FRUTA

SUGERENCIA SALUDABLE

Tiene la opción de poner un palito en el medio de cada cubito de hielo.

CONSEJO nutritivo

El mango y las fresas son ricas en vitamina C, que ayuda a proteger el sistema inmunológico y es un excelente antioxidante.

GRANIZADO DE SANDÍA

Un granizado refrescante, rico en potasio y vitamina C.

INFORMACIÓN nutritiva POR PORCIÓN

CALORÍAS 137 kcal
CALORÍAS DE GRASA 6%
GRASA 1g
GRASA SATURADA 0g
COLESTEROL 0mg
SODIO 5mg
HIDRATOS DE CARBONO 34g
FIBRA ALIMENTARIA 1g
PROTEÍNAS 2g

INTERCAMBIOS diabéticos

FRUTA 1
OTROS HIDRATOS DE CARBONO 1

Ingredientes para 2 porciones (una taza por porción)

1 taza de hielo
2 tazas de sandia cortada en trozos y sin semillas
2 cucharadas de miel

1. En un procesador de alimentos o licuadora, mezcle todos los ingredientes.

SUGERENCIA SALUDABLE

Sólo añada el hielo si es que lo puede tolerar, ya que los alimentos a temperatura ambiente son más fáciles de ingerir que los muy fríos o muy calientes.

CONSEJO nutritivo

La sandía es un fuente excelente de vitamina C, A y del antioxidante licopeno.

FLAN RÁPIDO

Un postre rápido y sencillo, que le hará sentir bien y que estará todavía más delicioso.

INFORMACIÓN nutritiva POR PORCIÓN

CALORÍAS 194 kcal
CALORÍAS DE GRASA 0%
GRASA 0g
GRASA SATURADA 0g
COLESTEROL 2mg
SODIO 337mg
HIDRATOS DE CARBONO 37g
FIBRA ALIMENTARIA 0g
AZÚCARES TOTALES 34g
PROTEÍNAS 3g

INTERCAMBIOS diabéticos

OTROS HIDRATOS DE CARBONO 2 1/2

Ingredientes para 4 porciones

1 paquete de pudin de vainilla instantáneo de 3 onzas
1 3/4 tazas de leche descremada
2 cucharaditas de extracto de vainilla
6 cucharaditas de azúcar

1. En un tazón, mezcle bien el extracto de vainilla, la leche y el paquete de pudin. Viértalo en 4 moldes pequeños.
2. Métalo al refrigerador de 5 a 10 minutos, o hasta que esté cuajado. Espolvoree cada molde con 1 1/2 cucharaditas de azúcar.
3. Precaliente la parrilla para asar de su horno. Meta los moldes hasta que el azúcar se cristalize, o en vez del horno, utilice un antorcha de cocina para dorar el azúcar.

SUGERENCIA SALUDABLE

No tiene porque añadir el azúcar por encima del flan. Otra opción es servirlo con fruta fresca.

CONSEJO nutritivo

Este es un postre muy ligero y que debe incluir en su dieta junto con pudins, gelatinas y cereales cocidos, sobre todo cuando le duela la garganta.

PASTEL DE PAN CON QUESO CREMA

Un pastel de pan cubierto de delicioso queso crema que lo convierte en un postre ligero o en un aperitivo listo para comer en cualquier momento del día. También puede servirlo cubierto de frutas si lo desea.

Ingredientes para 16 porciones

1 barra de pan estilo francés de 16 onzas
2 huevos divididos
4 claras de huevo divididss
1 taza de azúcar dividida
1 cucharadita de extracto de vainilla
1 cucharadita de extracto artificial de mantequilla
3 tazas de leche descremada
1 cucharadita de canela molida
1 paquete de queso crema descremado

1. Precaliente el horno a 350°F. Rocíe con aceite aerosol antiadherente un molde para el horno de 13 x 9 x 2 pulgadas.
2. Corte la barra de pan en cuadraditos de una pulgada y colóquelos en el molde que ya tiene preparado.
3. En un tazón grande, bata ligeramente un huevo y 3 claras de huevo. Añada 1/2 taza de azúcar, el extracto de vainilla y el extracto de mantequillate; mézclelo todo bien. Agregue lentamente la leche, batiendo bien. Vierta la mezcla sobre los pedazos de pan. Espolvoréelo con canela en polvo.
4. En otro tazón grande, mezcle el queso crema con el resto del azúcar. Agregue el huevo, la clara de huevo y mézclelo todo bien hasta que esté cremoso. Esparza la mezcla uniformemente sobre el pan empapado.
5. Métalo al horno destapado por 45 minutos o hasta que esté sólido. Déjelo enfriar ligeramente antes de servirlo.

INFORMACIÓN *nutritiva* POR PORCIÓN

197 kcal CALORÍAS
19% CALORÍAS DE GRASA
4g GRASA
2g GRASA SATURADA
34mg COLESTEROL
248mg SODIO
31g HIDRATOS DE CARBONO
1g FIBRA ALIMENTARIA
16g AZÚCARES TOTALES
8g PROTEÍNAS

INTERCAMBIOS *diabéticos*

1 ALMIDÓN
1 OTROS HIDRATOS DE CARBONO
1/2 CARNE SIN GRASA

SUGERENCIA SALUDABLE

Cuando le duela la boca o la garganta evite ingerir comidas ácidas, cítricas o demasiado saladas. Evite bebidas cítricas como pomelo, naranja o lima. Evite conservas en vinagre y comidas en salsa de tomate.

CONSEJO *nutritivo*

Si está tratando de subir de peso, no utilize las versiones bajas en grasa de los productos lácteos.

D

PANQUEQUES O TORTITAS PARA SUBIR DE PESO

INFORMACIÓN *nutritiva* POR PORCIÓN

CALORÍAS 80 kcal
CALORÍAS DE GRASA 39%
GRASA 3g
GRASA SATURADA 1g
COLESTEROL 32mg
SODIO 131mg
HIDRATOS DE CARBONO 10g
FIBRA ALIMENTARIA 0g
PROTEÍNAS 3g

INTERCAMBIOS *diabéticos*

ALMIDÓN 1/2
GRASA 1/2

Puede usar leche entera en lugar del suplemento alimenticio si lo desea. Adórnelo con fruta fresca o rodajas de plátano para aumentar el nivel nutricional si es que siente mejor, pero asegúrese de no añadir ningún cítrico.

Ingredientes para 7 panqueques

1/2 taza mezcla para tortitas o panqueques y gofres
1/2 taza de de suplemento nutricional con sabor a vainilla
1 huevo
1 cucharada de aceite de colza

1. En un tazón grande, mezcle bien todos los ingredientes. Déjelos reposar de 1 a 2 minutos.
2. Cubra con aceite aerosol antiadherente una sartén grande y caliéntela al fuego. Use 1/4 taza de la mezcla para hacer una tortita o panqueque. Cocínelos de 1 a 2 minutos por cada lado o hasta que estén ligeramente dorados. Cubra la sartén con el aceita antiadherente cada vez que vaya a hacer una tortita o panqueque nuevo.

SUGERENCIA SALUDABLE

Las bebidas de suplementos nutricionales están llenas de vitaminas y minerales esenciales, además de contener altos niveles de proteína e hidratos de carbono que le aportarán energía. Puede añadirlo a las recetas que requieran leche.

CONSEJO *nutritivo*

Se congelan muy bien, así que puede hacer extras y recalentarlos cuando los necesite en el microondas.

BATIDO DE BAYAS

ENSALADA DE SANDÍA Y MELÓN

SÉMOLA DE QUESO

PASTEL DE POLLO

SOPA FÁCIL DE PATATAS

PASTEL DE PAN CON QUESO CREMA

SOPA DE PEPINOS Y AGUACATE

HELADOS DE ZANAHORIA, MANGO, FRESA Y JENGIBRE

BATIDO VERDE

RELLENO PARA EL BOCADILLO NICHOLE DE PITA CON POLLO Y SEMILLAS DE CHIA (PÁG. 92)

6

alimentos altos en PROTEÍNAS Y CALORÍAS

ALIMENTOS ALTOS EN PROTEÍNAS Y CALORÍAS

- *¿Está perdiendo demasiado peso durante el tratamiento?*
- *¿Le cambia el apetito a lo largo del día?*
- *Cuando no tengo hambre, ¿todavía tengo que comer tres comidas grandes diarias? Y si no puedo, ¿qué debo hacer?*
- *¿Cuándo necesito aumentar la proteína en mi dieta?*
- *¿Cuáles son mis opciones para comer más proteína?*

Los pacientes deben evitar perder de peso, porque se puede convertir en un problema serio cuando uno se semote a tratamientos de quimoterapia y radiaciones. Se ha demostrado que los pacientes con cáncer que mantienen su peso y un buen estado nutricional, tienden a tener menos complicaciones con la quimoterapia, radioterapia o cirugía. Estos pacientes tienden a quedarse menos tiempo en el hospital, menos complicaciones, menos infecciones y, en general, menos tiempo de baja, lo que implica un estado de ánimo físico y emocional mucho más estable.

A pesar de eso, es muy normal perder el apetito a lo largo del día. Si le occure eso, trate de preparar un desayuno y una comida más grandes y apetitosas. Y si se le antoja un filete de carne y una patata asada para desayunar, ¡adelante!

Lo mejor que puede hacer es comer porciones pequeñas durante todo el día. Trate de comer comidas más frecuentes y aperitivos cada una o dos horas. Mantenga a mano snacks altos en proteína y en calorías, para comer en cualquier momento que tenga hambre. Si no se le antojan alimentos sólidos, trate de beber líquidos siempre que le sea posible; pero trate de limitar los líquidos con las comidas, a no ser que lo necesite para tragar.

Evite oler la comida cuando esté cocinando, porque le puede sentar mal y quitarle el apetito. Hay momentos en los que personas con cáncer necesitan más proteínas, ya que ayudan a asegurar el crecimiento de las células que reparan los tejidos dañados y mantienen un sistema inmunológico saludable. Sin la suficiente proteína, el cuerpo tiene más dificultad para recuperarse de enfermedades y se convierte en un sistema inmunológico débil. Después de cirugía, quimoterapia o radioterapia, es normal necesitar proteína adicional para sanar los tejidos y ayudar a prevenir infecciones.

Buenas fuentes de proteínas incluyen carne sin grasa, pescado, pollo, productos lácteos, nueces, frijoles o habichuelas secas, guisantes, lentejas y alimentos de soja. La leche enriquecida es una gran manera de agregar proteínas a las recetas.

CONSEJOS PARA AÑADIR MÁS PROTEÍNA Y CALORÍAS A SU DIETA

- Mantenga snacks y apertivos listos para cualquier momento
- Aperitivos rápidos y fáciles incluyen: queso y galletas, magdalenas, helado, mantequilla de cacahuete o maní, frutas y pudin o natillas
- Tenga siempre a mano snacks cuando salga de casa, como galletitas de mantequilla de cacahuete o de maní y cajitas de uvas pasas
- Si no lo apetece comer alimentos sólidos, trate de beber líquidos durante todo el día. Jugos, sopas y consomés, o cualquier otro líquido que tengan valor calórico y vitamínico. Cualquier bebida que contenga leche también le puede proporcionar calorías extra
- Para añadir proteína adicional en las comidas, considere agregar un poco de leche descremada en polvo cuando cocine huevos revueltos, sopas, cereales y salsas
- Añada polvo instantáneo nutricional en bebidas lácteas, postres, helados o en su leche
- Pruebe alimentos como huevos cocidos, fiambres, mantequilla de cacahuete o de maní, queso, helado, galletas de granola, suplementos nutricionales, pudins o natillas, patatas fritas, galletas y pretzels

ALIMENTOS QUE APORTAN 7 GRAMOS O MÁS DE PROTEÍNA POR PORCIÓN

- 1 taza de legumbres
- 2.5 onzas de *tempeh* o carne de soja
- 1 a 2 onzas de nueces o semillas
- 1 taza de queso tipo *Cottage*
- 2 cucharadas de mantequilla de cacahuete o maní
- 1 onza de queso
- 1 taza de arroz
- 7 onzas de leche o yogur
- 1 taza de *tofu* o cuajada de soja
- 2 cucharadas de pechuga de pollo
- 1 onza de carne de vaca molida

COMO AÑADIR PROTEÍNA Y CALORÍAS

QUESO

- Derretido o fundido en bocadillos, magdalenas, tortillas francesas de huevo, tortillas mexicanas o con cualquier carne, pollo o pescado.

QUESO COTTAGE, RICOTTA, QUESO CREMA

- Añádalos a guisos, espaguetis y pastas
- Utilícelo como relleno para crepes, conchas de pasta o canelones
- Incorpórelos a tortillas francesas de huevos, los huevos revueltos y los panqueques o tortitas
- Unte queso crema en pan, magdalenas, frutas y galletitas saladas

CREMA AGRIA

- Añádala a sopas de crema, patatas al horno, macarrones con queso, verduras, salsas, aderezos para ensaladas, guisos, carnes al horno y pescado
- Utilícela para decorar pasteles, encima de la fruta y postres de gelatina, en panes o pasteles y magdalenas
- Uséla como salsa para mojar frutas y verduras frescas
- Para añadirla a los postres, ponga una cucharada en un tazón lleno de fruta, espolvoree azúcar moreno y refrigérelo hasta que se enfríe

HUEVOS

- Añada huevos duros picados a ensaladas, platos de verduras y guisos.
- Agregue huevos o claras de huevo extra a quiches, panqueques o tortitas y tostadas francesas o torrijas de pan
- Agregue huevos o claras de huevos extra a los revueltos y tortillas de huevos
- Agregue huevos o claras de huevo extra a flanes y pudins

LECHE

- Use leche en lugar de agua como sustituto de líquido en muchas recetas
- Use leche para preparar cereales calientes, sopas, chocolate caliente y pudins
- Use leche para hacer salsas de crema para verduras y en otras recetas

LECHE EN POLVO (DESCREMADA Y SIN GRASA)

- Añádala a la leche normal o cuando ingiera bebidas que contengan leche
- Utilícela en guisos, salsas, sopas cremosas, puré de patatas, flanes y postres que contengan leche

HELADOS, YOGUR Y HELADOS DE YOGUR

- Añádalos a líquidos con gas para crear bebidas un poco más especiales y conocidas como *floats*
- Añádalos a cualquier bebida láctea como los batidos
- Sirva helado o yogur con pasteles, galletas o con cualquier postre.
- Haga batidos de desayuno con frutas y plátanos
- Elija el yogur griego siempre que le sea posible, ya que contiene menos azúcar y más proteínas

SOJA

- Agregue tofu a los batidos y salsas cremosas
- Use el edamame (frijoles de soja) como snack durante el día, o añádalo a platos de verduras, ensaladas o a otras comidas

MANTEQUILLA DE CACAHUETE O MANÍ

- Úntela en bocadillos, galletitas saladas, magdalenas, panqueques o tortitas, fruta y apio
- Uséla como salsa para mojar verduras frescas
- Mézclela con batidos de leche
- Combínela con helado o yogur congelados

CARNE Y PESCADO

- Añada carne o pescado en trozos y cocinados, a ensaladas, guisos, sopas y salsas
- Use carne y pescado en tortillas de huevos, quiches, bocadillos, salsas y todo tipo de rellenos
- Añada a patatas asadas al horno
- Cuando cocine la carne, trate de incluir una salsa o glaseado

FRIJOLES O HABICHUELAS, LEGUMBRES

- Añádalos a sopas, guisos, pastas y platos principales

NUECES, SEMILLAS Y GERMEN DE TRIGO

- Añádalas a guisos, panes, magdalenas, panqueques o tortitas, galletas y obleas
- Espolvoréelas sobre frutas, cereales, helados, verduras, ensaladas y postres
- Enrolle las frutas en nueces

COMO AUMENTAR LAS CALORÍAS

ADEREZOS PARA ENSALADAS Y MAYONESAS

- Utilícelo con sndwiches
- Combínelos con carne, pescado y huevos, o en ensaladas de verduras
- Utilícelo para hacer croquetas
- Usélos en salsas y platos de gelatina

GRANOLA

- Incorpórelo cuando haga masas para galletas, magdalenas o pan
- Espolvoréela sobre verduras, yogur, helado, pudin, flan y frutas
- Póngala en capas con frutas y pasteles al horno
- Mézclela con frutas secas y nueces para un snack
- Sustitúyala por pan o arroz en recetas pastel de pan

FRUTAS SECAS

- Intente añadir fruta seca a su desayuno, snack o postre
- Añádala a magdalenas, galletas, panes, pasteles, platos de arroz, cereales y postres
- Añádala a pasteles y empanadas dulces
- Combínela con verduras cocidas, como zanahorias, batatas o camotes y calabazas variadas
- Combínelas con nueces o granola para comer durante el día

LISTA DE COMPRAS PARA ALIMENTOS ALTOS EN CALORÍAS Y PROTEÍNAS

- Puré o compota de manzanas
- Frijoles o habichuelas enlatadas y variadas
- Carne de vaca
- Panecillos
- Pan
- Mantequilla
- Queso
- Pollo sin piel y sin huesos
- Queso tipo *Cottage*
- Cereal
- Crema de trigo
- Huevos
- Pescado (salmón, atún, camarones, etc.)
- Fruta fresca, congelada, enlatada o seca
- Sémola de trigo
- Miel
- Helado normal y helado de yogur
- Leche, suero de leche o *buttermilk*, crema
- Bebida de suplemento nutricional
- Nueces
- Avena
- Pasta
- Mantequilla de cacahuete o maní
- Masa para pizza
- Helados de hielo
- Patatas
- Pretzels
- Pudin y gelatina de sabores variados
- Salsa de tomate
- Tortillas mexicanas
- Verduras frescas, congeladas o enlatadas
- Nata montada congelada
- Yogur

SOPA DE TORTILLA MEXICANA

(foto en la pág. 101)

Un plato preparado todo al mismo tiempo, delicioso y muy popular.

Ingredientes para 8 porciones (una taza por porción)

1 cebolla picada
1 cucharadita de ajo picado
4 tazas de calco de pollo sin grasa y bajo en sodio
1 lata de tomates en trozos de 28 onzas
1 1/2 libras de pechuga de pollo sin piel y sin huesos, cortadas en cuadrados
1 cucharadita de chile o pimentón picante en polvo
1 cucharadita de comino en polvo
2 cucharadas de jugo de lima
1 bolsa de maíz congelado de 16 onzas
Tiras de tortilla chips (vea la receta a continuación)
1 taza de queso tipo *Cheddar* rallado y bajo en grasa
1/2 taza de cebollas verdes picadas
1 aguacate pequeño, pelado y cortado (opcional)

1. En una olla grande cubierta de aceite aerosol antiadherente, rehogue la cebolla y el ajo hasta que estén tiernos, como 5 minutos. Añada el caldo de pollo, los tomates, el pollo, el chile o pimentón picante en polvo, el comino y el jugo de lima. Llévelo todo a ebullición.
2. Baje el fuego y continue cocinándolo hasta que el pollo esté hecho, de 17 a 20 minutos. Añada el maíz y continue cociéndolo 5 minutos más.
3. Sirva la sopa con pedacitos de tortilla chips, queso, cebolla verde y aguacate, este último es opcional.

TIRAS DE TORTILLA CHIPS

6 tortillas mexicanas de harina de 8 pulgadas (use tortillas de maíz para una versión sin gluten)

1. Para hacer las tiras de tortilla mientras se esté cociendo la sopa, precaliente el horno a 350°F.
2. Corte las tortillas mexicanas en tiras de media pulgada cada una. Cubra con aceite aerosol antiadherente una fuente para el horno y ponga las tiras de tortilla. Métalo al horno de 15 a 20 minutos o hasta que estén doradas. Puede guardarlas en una bolsa de plástico hermética.

INFORMACIÓN *nutritiva* POR PORCIÓN

349 kcal CALORÍAS
18% CALORÍAS DE GRASA
7g GRASA
3g GRASA SATURADA
57mg COLESTEROL
397mg SODIO
40g HIDRATOS DE CARBONO
5g FIBRA ALIMENTARIA
31g PROTEÍNAS

INTERCAMBIOS *diabéticos*

2 ALMIDÓN
2 VERDURAS
2 1/2 CARNE SIN GRASA

SUGERENCIA SALUDABLE

Puede añadir verduras extra para hacer una sopa mucho más deliciosa. Ponerle queso por encima aumenta el número de calorías y proteínas.

CONSEJO *nutritivo*

Esta sopa la podrá disfrutar toda la familia. Los tomates son ricos en licopeno, vitamina A y C. La vitamina C es parte de la familia de los antioxidantes y ayuda a mantener las encías y los dientes sanos; le ayudan a absorver mejor el hierro y a promover la regenaración de los tejidos.

D

BOCADILLO NICHOLE DE PITA CON POLLO Y CHIA

INFORMACIÓN *nutritiva* POR PORCIÓN

CALORÍAS 244 kcal
CALORÍAS DE GRASA 28%
GRASA 8g
GRASA SATURADA 1g
COLESTEROL 52mg
SODIO 375mg
HIDRATOS DE CARBONO 27g
FIBRA ALIMENTARIA 4g
AZÚCARES TOTALES 8g
PROTEÍNAS 18g

INTERCAMBIOS *diabéticos*

ALMIDÓN 1
FRUTA 1
CARNE SIN GRASA 1

Un pollo sabroso mezclado con manzanas, nueces, uvas y arándanos, la combinación perfecta para crear una ensalada de pollo llena de vitaminas y, lo mejor de todo, muy fácil de preparar.

Ingredientes para 12 porciones (1/2 pita con 2/3 taza de relleno)

1 pollo asado sin piel y cortado en pedacitos (como 4 tazas)
1/4 taza de nueces picadas
1/4 taza de arándanos
1/2 taza de uvas rojas o negras y sin semillas
1 manzana verde o roja picada
2 tallos de apio picado
1 taza de yogur griego descremado
1/4 taza de mayonesa ligera
1 cucharada de vinagre de manzanata
5 cucharaditas de miel o de miel de agave
2 cucharadas de semillas de chia
Sal y pimienta al gusto
6 panes pita (pan indio o pan árabe) cortados por la mitad

1. En un tazón grande combine el pollo, las nueces, los arándanos, las uvas, la manzana y el apio.
2. En un tazón pequeño mezcle el yogur, la mayonesa, el vinagre, la miel y las semillas de chia, sazónelo a su gusto con sal y pimienta. Mézclelo todo bien con el pollo y la fruta. Sirva 2/3 de taza dentro de medio pan de pita abierto en el medio.

SUGERENCIA SALUDABLE

Si tiene suficiente tiempo, refrigérelos por los menos 30 minutos antes de servirlos o durante toda la noche.

CONSEJO *nutritivo*

El yogur griego tiene mucha proteína y es una versión con menos azúcar que el yogur normal.

POLLO CON CHORIZO AL ESTILO ESPAÑOL

Esta combinación de chorizo o salchica de pollo italiano, pollo, arroz, guisantes y tomates es un menú perfecto y ligero.

Ingredientes para 8 porciones (una taza por porción)

1/2 libra de chorizos o salchicas de pollo italianas con albahaca cortadas en rodajas
1 libra de pechugas de pollo sin piel y sin huesos cortadas en cuadrados
1 cebolla picada
1 pimiento verde sin semillas y picado
1 lata de caldo de pollo sin grasa de 14 onzas
1 cucharadita de hojas de tomillo seco
1 cucharadita de ajo picado
3 tazas de arroz cocinado
1 taza de guisantes congelados
2 tomates medianos picados

1. En una sartén grande sobre fuego medio, cocine los chorizos o salchichas hasta que estén doradas, como 5 minutos. Añada el pollo, la cebolla, el pimiento verde y continue cocinándolo de 5 a 7 minutos más, o hasta que el pollo esté completamente cocinado.
2. Agregue el caldo de pollo, el tomillo, el ajo y el arroz dejando que todo se mezcle bien y se caliente. Añada los guisantes descongelados y los tomates y déjele en el fuego hasta que todo esté caliente.

D G

INFORMACIÓN *nutritiva* POR PORCIÓN

231 kcal CALORÍAS
23% CALORÍAS DE GRASA
6g GRASA
2g GRASA SATURADA
55mg COLESTEROL
502mg SODIO
23g HIDRATOS DE CARBONO
2g FIBRA ALIMENTARIA
3g AZÚCARES TOTALES
21g PROTEÍNAS

INTERCAMBIOS *diabéticos*

1 1/2 ALMIDÓN
1 VERDURAS
2 1/2 CARNE SIN GRASA

SUGERENCIA SALUDABLE

Puede sustituir el arroz blanco por arroz integral para aumentar la fibra.

CONSEJO nutritivo

Este plato está lleno de proteína gracias al pollo. Otras fuentes de proteína que puede utilzar son pescado, ternera, productos lácteos, nueces, frijoles o habichuelas, lentejas y productos de soja.

POLLO MARABELLA

D G

INFORMACIÓN *nutritiva* POR PORCIÓN

CALORÍAS 356 kcal
CALORÍAS DE GRASA 20%
GRASA 8g
GRASA SATURADA 2g
COLESTEROL 132mg
SODIO 365mg
HIDRATOS DE CARBONO 14g
FIBRA ALIMENTARIA 1g
AZÚCARES TOTALES 10g
PROTEÍNAS 53g

INTERCAMBIOS *diabéticos*

HIDRATOS DE CARBONO 1
CARNE SIN GRASA 7

Este plato tiene capas de sabores variados: dulces, cítricos y salados, que se combinan en una receta de pollo única. También se puede servir a temperatura ambiente.

Ingredientes para 8 porciones

4 libras de pechugas de pollo sin piel y sin huesos, o zancos de pollo
1 cucharada de ajo picado
2 cucharadas de orégano
Sal y pimienta al gusto
1/4 taza de vinagre de manzana
3 cucharadas de aceite de oliva
1/2 taza de ciruelas secas sin semilla
1/4 taza de aceitunas verdes españolas sin hueso
1/4 taza de alcaparras escurridas
3 hojas de laurel
1/4 taza de azúcar moreno ligero
1/2 taza de vino blanco

1. Precaliente el horno a 350°F.
2. En un tazón grande o en una bolsa de plástico hermética grande, combine todos los ingredientes, excepto el vino y el azúcar. Mézclelo todo bien y métalo en la nevera (si puede, métalo toda la noche).
3. Ponga el pollo en una fuente antiadherente y cúbralo con el aderezo del pollo, espolvoree por encima el azúcar y el vino.
4. Métalo al horno de 50 a 60 minutos o hasta que el pollo esté tierno. Mientras se está cocinando, con una cuchara trate de remojar el pollo con la salsa en el fondo de la fuente para que quede más jugoso. Sírvalo inmediatamente o espere y hágalo a temperatura ambiente.

SUGERENCIA SALUDABLE

Para que le resulte mucho más fácil limpiar, combine el pollo con los ingredientes en una bolsa de plástico hermética.

CONSEJO *nutritivo*

La pechuga de pollo es un fuente muy buena de proteína, lo que ayuda con el crecimiento y reparación de los tejidos dañados por el tratamiento, y le ayudará a mantener un sistema inmunológico óptimo.

POLLO CON ARROZ SILVESTRE

Esta receta de pollo es muy ligera, pero tiene sabores de platos más elaborados sin tener que invertir tanto tiempo en la preparación.

Ingredientes para 4-6 porciones

3/4 libras de champiñones picados
1 taza de cebolla picada
1 1/2 libras de pechugas de pollos sin piel y sin huesos
Sal y pimienta al gusto
1/4 taza de cebollas verdes picadas
2 cucharadas de perejil picado
1 taza de caldo de pollo sin grasa y bajo en sodio
3 cucharadas de licor de Jerez (opcional)
2 cucharaditas de mostaza tipo *Dijon*
1 paquete de arroz largo y silvestre de 6 onzas
1 lata de corazones de alcachofas escurrida

1. En una olla grande cubierta con aceite aerosol antiadherente, rehogue los champiñones y la cebolla a fuego medio hasta que estén tiernos, como 5 minutos. Sáquelos del fuego y póngalos en un plato aparte.

2. Ponga sal y pimienta en las pechugas del pollo a su gusto. En la misma sartén que preparó los champiñones y la cebolla, ponga el pollo y cocínelo hasta que esté dorado por los dos lados, de 7 a 9 minutos. Añada los champiñones y la cebolla.

3. En un tazón pequeño, combine las cebollas verdes, el perejil, el caldo de pollo, el licor de Jerez y la mostaza. Mézclelo bien y viértalo encima del pollo. Reduzca el fuego y cocínelo cubierto 20 minutos o hasta que el pollo esté tierno.

4. Mientras se cocina el pollo prepare el arroz siguiendo las instrucciones del paquete. Una vez listo, mezcle las alcachofas con el arroz. Sirva el pollo encima del arroz.

SUGERENCIA SALUDABLE

Un poco de licor de Jerez no le hará daño, ¡disfrútelo!

CONSEJO *nutritivo*

Los champiñones están llenos de nutrición. Tienen proteínas, vitaminas y minerales. Trate de usar variades diferentes.

INFORMACIÓN *nutritiva* POR PORCIÓN

274 kcal CALORÍAS
6% CALORÍAS DE GRASA
2g GRASA
0g GRASA SATURADA
66mg COLESTEROL
810mg SODIO
30g HIDRATOS DE CARBONO
2g FIBRA ALIMENTARIA
32g PROTEÍNAS

INTERCAMBIOS *diabéticos*

1 1/2 ALMIDÓN
1 1/2 VERDURAS
3 CARNE SIN GRASA

D

POLLO CON PASTA

Una receta que combina todos los ingredientes en un solo plato: pollo, champiñones, tomates deshidratados, alcachofas albahaca, espinacas y vino.

INFORMACIÓN *nutritiva* POR PORCIÓN

CALORÍAS 443 kcal
CALORÍAS DE GRASA 15%
GRASA 7g
GRASA SATURADA 1g
COLESTEROL 66mg
SODIO 171mg
HIDRATOS DE CARBONO 51g
FIBRA ALIMENTARIA 3g
AZÚCARES TOTALES 5g
PROTEÍNAS 37g

INTERCAMBIOS *diabéticos*

ALMIDÓN 3
VERDURAS 1
CARNE SIN GRASA 3

Ingredientes para 6 porciones

1 paquete de fideos tipo fettuccine de 12 onzas
2 cucharadas de aceite de oliva
1 1/2 libras de pechugas de pollo sin piel y sin huesos, cortadas en trozos o en tiras
1 cucharadita de ajo picado
1/2 libra de champiñones frescos cortados en rodajas
1 cebolla picada
1 cucharadita de orégano
1/2 taza de tomates secos o deshidratados picados, ya remojados en agua
1 lata de corazones de alcachofa escurrida de 14 onzas
1/2 taza de caldo de pollo sin grasa y bajo en sodio
1 taza de vino blanco (o de caldo de pollo como sustituto)
1 taza de espinacas
Sal y pimienta al gusto
2 onzas de queso *Mozzarella* fresco o curado cortado en trozos (opcional)

1. Cocine la pasta siguiendo las instrucciones del paquete, escurrála.
2. En una sartén grande antiadherente, caliente el aceite y cocine el pollo a fuego alto-medio hasta que esté dorado. Añada el ajo, los champiñones y la cebolla. Rehóguelo todo hasta que esté tierno.
3. Agregue el orégano, los tomates deshidratados, las alcachofas, el caldo y el vino, hiérvalo todo y cocínelo por 5 minutos o hasta que el pollo esté listo. Añada las espinacas y cocínelas hasta que estén blandas. Condiméntelo a su gusto con sal y pimienta.
4. Añada la pasta y mézclelo todo bien. Si lo desea, cébralo todo con queso mozzarella fresco o curado.

SUGERENCIA SALUDABLE

Para remojar o hidratar los tomates secos o deshidratados, simplemente remójelos en agua caliente durante 5 minutos y escúrralos.

CONSEJO nutritivo

Aunque no le apetezca comer alimentos sólidos, tiene que intentar beber líquidos durante todo el día. Jugos, sopas, suplementos líquidos nutricionales y cualquier tipo de bebida que le puede aportar calorías y nutrientes. Los batidos de leche le pueden aportar mucha proteína.

PUERCO ESTILO CUBANO CON FRIJOLES NEGROS

Esta es una receta llena de sabor e ideal para cocinar en una olla de cocción lenta. Sírvalo sobre arroz amarillo.

Ingredientes para 8 porciones

2 filetes de cerdo
Ajo en polvo
2 cebollas picadas
1 lata de sopa de frijoles o habichuelas negras de 15 onzas
1 lata de frijoles o habichuelas negras, enjuagadas y escurridas de 15 onzas
1 lata de tomates con chiles verdes de 10 onzas
1 cucharada de pimientos jalapeños picados
2 cucharadas de comino en polvo
2 cucharadas de jugo de lima

1. Sazone los filetes de cerdo con mucho polvo de ajo. En una olla de cocción lenta combine todos los ingredientes.
2. Cocínelo a temperatura baja de 6 a 8 horas o hasta que los filetes estén tiernos.

D

INFORMACIÓN *nutritiva* POR PORCIÓN

245 kcal CALORÍAS
23% CALORÍAS DE GRASA
6g GRASA
2g GRASA SATURADA
76mg COLESTEROL
527mg SODIO
17g HIDRATOS DE CARBONO
5g FIBRA ALIMENTARIA
5g AZÚCARES TOTALES
29g PROTEÍNAS

INTERCAMBIOS *diabéticos*

1 ALMIDÓN
1 VERDURAS
4 CARNE SIN GRASA

SUGERENCIA SALUDABLE

Puede añadir especias variadas a la olla cuando empiece a cocinar y especias frescas justo antes de servirlo.

CONSEJO *nutritivo*

Recuerde que los frijoles o habichuelas es una fuente excelente de fibra ácido fólico, lo que le ayudará en el tracto intestinal y a mantener el peso.

PICADILLO SANTIAGUERO

Un plato increíble repleto de sabores especiales: salados, ahumados y dulces. Se puede servir con cuscús, envueltos en tortillas mexicanas, etc.

INFORMACIÓN *nutritiva* POR PORCIÓN

CALORÍAS	188 kcal
CALORÍAS DE GRASA	27%
GRASA	6g
GRASA SATURADA	2g
COLESTEROL	53mg
SODIO	598mg
HIDRATOS DE CARBONO	12g
FIBRA ALIMENTARIA	2g
AZÚCARES TOTALES	6g
PROTEÍNAS	23g

INTERCAMBIOS *diabéticos*

ALMIDÓN	1/2
VERDURA	1
CARNE SIN GRASA	3

Ingredientes para 7 porciones (una taza por porción)

1 1/2 libras de solomillo de ternera sin grasa y molido
1 cebolla picada
1 pimiento verde sin semillas y picado
1 cucharadita de ajo picado
1 cucharadita de orégano
1 cucharadita de comino en polvo
1 lara de salsa de tomate de 16 onzas (1 ½ taza)
1 taza de patatas peladas y cortadas en cubitos
1/4 taza de aceitunas verdes picadas en rodajas
2 cucharadas de uvas pasas

1. En una sartén grande antiadherente cocine la carne con la cebolla, el pimiento verde y el ajo hasta que la carne esté lista. Añada el orégano, el comino y la salsa de tomate.
2. Llévelo todo a ebullución y reduzca el fuego. Cocínelo cubierto por 10 minutos. Añada las patatas y continue cocinándolo cubierto de 10 a 15 minutos más o hasta que las patatas estén blandas.
3. Añada las aceitunas y las uvas pasas. Cocínelo de 5 a 10 minutos más.

SUGERENCIA SALUDABLE

Asegúrese se siempre escoger los cortes de carne con la menor grasa posible.

CONSEJO nutritivo

Siempre pensamos que el jugo de naranja contiene el mayor procentaje de vitamina C, pero el pimiento verde no se le queda atrás. Un pimiento verde aporta un 200% de vitamina C en su dieta diara.

PESCADO ASADO

El pescado conocido como pargo rojo o huachinango se llena de sabor cuando lo cocina en un plato con todos los ingredientes combinados.

Ingredientes para 6 porciones

1/3 taza jugo de naranja
1/3 taza de jugo de lima
1 cucharada de ajo picado
1 1/2 o 2 libras de filetes de pescado de pargo rojo o huachinango
1/3 taza de perejil picado
1/2 cucharadita de comino molido
3 cucharadas de aceite de oliva
1/4 taza de vino blanco o de caldo
2 patatas blancas peladas y cortadas en rodajas finas
1 cebolla cortadas en rodajas fina
1 pimiento rojo, sin semillas y cortado en rodajas finas
6 aceitunas verdes cortadas en rodajas

1. Precaliente el horno a 400°F. Cubra con aceite aerosol antiadherente una bandeja para el horno, preferiblemente ovalada.
2. En un tazón pequeño combine el jugo de naranja, el jugo de lima y el ajo. En una bolsa de plástico hermética ponga el pescado y la mitad de la mezcla de jugos y ajo, y métalo en la nevera por 2 horas.
3. Al resto de la mezcla de jugos y ajo, añádela el perejil, el comino, el aceite de oliva y el vino. Déjelo a un lado.
4. En la bandeja para el horno que ya tiene preparada, ponga capas de patatas, cebolla, pimiento rojo y aceitunas. Quite el pescado del aderezo (no utilice el aderezo de la bolsa) y colóquelo sobre las verduras. Agregue el resto de la mezcla. Métalo al horno de 20 a 30 minutos o hasta que el pescado este listo y las patatas tiernas.

D G

INFORMACIÓN *nutritiva* POR PORCIÓN

253 kcal CALORÍAS
32% CALORÍAS DE GRASA
9g GRASA
1g GRASA SATURADA
40mg COLESTEROL
150mg SODIO
18g HIDRATOS DE CARBONO
2g FIBRA ALIMENTARIA
3g AZÚCARES TOTALES
25g PROTEÍNAS

INTERCAMBIOS *diabéticos*

1 ALMIDÓN
2 VERDURAS
3 CARNE SIN GRASA

SUGERENCIA SALUDABLE

Puede sustituir el pargo rojo o huachinango por cualquier otro pescado similar, como tilapia, lubina, lenguado o trucha.

CONSEJO *nutritivo*

Este pescado es muy rico en vitaminas y proteínas, pero también tiene mucho mercurio, por es recomendable limitar el pescado a una vez por semana.

CAMARONES CON PASTA Y CALABACINES

Los camarones, la calabaza y la pasta de orzo son una combinación perfecta para un menú muy fácil de preparar.

INFORMACIÓN *nutritiva* POR PORCIÓN

CALORÍAS 412 kcal
CALORÍAS DE GRASA 23%
GRASA 11g
GRASA SATURADA 3g
COLESTEROL 140mg
SODIO 582mg
HIDRATOS DE CARBONO 52g
FIBRA ALIMENTARIA 5g
PROTEÍNAS 27g

INTERCAMBIOS *diabéticos*

ALMIDÓN 3
VERDURAS 2
CARNE SIN GRASA 2
GRASA 1

SUGERENCIA SALUDABLE

Siempre tiene la opción de sustituir el pollo por camarones si lo desea; también puede utilizar cualquier tipo de pasta.

CONSEJO nutritivo

Una manera fácil y eficaz para añadir proteínas y calorías en su dieta, es incluyendo leche en polvo descremeda a sus recetas, como guisados, cremas, salsas cremosas, puré de patatas, natillas y cualquier postre que tenga leche.

Ingredientes para 4 porciones

1 paquete pasta orzo u otra pasta pequeña de 8 onzas
2 cucharadas de aceite de oliva
1 libra de calabacín verde cortado por la mitad a lo largo y luego en rodajas
1 libra de calabacín amarillo cortada por la mitad a lo largo y luego en rodajas
1 libra camarones medianos pelados
1 cucharada de ajo picado
3/4 taza de caldo de pollo sin grasa
2 cucharadas de jugo de limón
2 cucharadas de perejil picado
1/4 taza de queso *Parmesano* rallado (opcional)

1. Cocine la pasta siguiendo las instrucciones del paquete. Escúrrala y póngala aparte.
2. Mientras tanto en una sartén grande antiadherente, caliente el aceite a fuego medio-alto y rehogue las calabazas unos 5 minutos hasta que estén tiernas. Agregue los camarones y continúe cocinándolos otros 5 minutos o hasta que los camarones estén casi listos.
3. Añada el ajo, el caldo y el jugo de limón, cocinándolos hasta que los camarones estén completamenta listos, de 3 a 5 minutos. Agregue el perejil, la pasta y el queso *Parmesano* (si lo desea) dando vueltas para mezclarlo todo bien.

SOPA DE TORTILLA MEXICANA

BOCADILLO DE PITA CON POLLO Y SEMILLAS DE CHIA

POLLO CON CHORIZO AL ESTILO ESPAÑOL

PUERCO ESTILO CUBANO CON FRIJOLES NEGROS

PICADILLO SANTIAGUERO

PESCADO ASADO

CÁSCARAS DE BATATAS O CAMOTES (pág. 105)

7

aperitivos y COMIDAS LIGERAS

APERITIVOS Y COMIDAS LIGERAS

- *¿Puedo comer snacks entre comidas?*
- *¿Puedo preparar aperitivos y snacks por anticipado?*

Comer entre comidas no sólo es posible pero también muy recomendable. A veces es muy difícil sentarse a comer un menú completo de cinco platos, sin embargo es mucho más fácil hacerlo con un apertivo que dura sólo 30 minutos, y repertilo dos o tres veces al día. Aperitivos pequeños, pero altos en calorías, le van a ayudar mucho a mantener un peso estable. Aquí le daremos sugerencias para aperitivos que se pueden preparar con facilidad y con un mínimo de esfuerzo.

APERITIVOS O SNACKS

- Compota o puré de manzanas
- Pan, magdalenas y galletitas saladas
- Palomitas de maíz con mantequilla
- Pasteles y galletas hechos con harina integral, frutas, nueces, germen de trigo o granola
- Cereal
- Queso duro o semi duro
- Pastel de queso
- Leche con chocolate
- Galletitas saladas
- Sopas cremosas
- Salsas hechas con queso, frijoles o habichuelas y crema agria
- Fruta fresca, enlatada o deshidratada
- Ensaladas y postres de gelatina
- Granola
- Huevos duros y rellenos
- Helado, helado de yogur y helado de hielo
- Zumos o jugos
- Batidos y bebidas instantáneas de desayuno
- Nueces
- Mantequilla de cacahuete o maní
- Pan de pita y crema de garbanzos o *hummus*
- Pizza
- Pudin y natillas
- Bocadillos
- Verduras crudas o cocidas
- Leche entera o con un 2% de grasa
- Yogur

LISTA DE COMPRAS PARA APERITIVOS Y COMIDAS LIGERAS

- Compota o puré de manzanas
- Galletas
- Pan
- Mantequilla
- Queso
- Queso tipo *Cottage*
- Cereal
- Crema de germen de trigo
- Huevos
- Fruta fresca, congelada, enlatada o deshidratada
- Sémola
- Helado y helado de yogur
- Miel
- Leche
- Bebidas energéticas nutricionales
- Nueces
- Avena
- Pasta
- Mantequilla de cacahuete o maní
- Masa para hacer pizza
- Helados de hielo
- Patatas
- Pretzels
- Pudin y gelatina de sabores variados
- Salsa de tomate
- Tortillas mexicanas
- Verduras frescas, congeladas o enlatadas
- Nata montada congelada
- Yogur

MAGDALENAS DE DESAYUNO

Comience su día de una forma nutritiva y deliciosa con una magdalena hecha con todos mis ingredientes favoritos.

Ingredientes para 24 magdalenas

1 1/2 tazas de harina
1/2 taza de harina integral
3/4 taza de avena
1/2 taza de azúcar moreno ligero
2 cucharaditas de bicarbonato de sodio
1 cucharadita de levadura en polvo
2 cucharaditas de canela molida
1 cucharadita de jengibre molido
1 1/2 tazas de zanahorias ralladas
1/3 taza de uvas pasas
1/2 taza de plátanos hechos puré
2 huevos
1 taza de leche descremada
1 cucharada jugo de limón
1/4 taza de aceite de colza
1 cucharadita de extracto de vainilla
1/2 taza de nueces o nueces pecanas

1. Precaliente el horno a 350°F.
2. En un tazón grande mezcle las harinas, la avena, el azúcar, el bicarbonato de sodio, la levadura en polvo, la canela y el jengibre. Agregue las zanahorias, las uvas pasas y el puré de plátano.
3. En otro tazón grande bata los huevos, la leche, el jugo de limón, el aceite y el extracto de vainilla. Añada esta mezcla líquida al tazón con los ingredientes secos, revuélvalo todo hasta que esté cremoso. Agregue las nueces. Vierta la mezcla en moldes de magdalenas sólo hasta la mitad de cada molde. Métalo al horno 20 minutos o hasta que estén doradas.

INFORMACIÓN *nutritiva* POR PORCIÓN

125 kcal CALORÍAS
33% CALORÍAS DE GRASA
5g GRASA
1g GRASA SATURADA
18mg COLESTEROL
138mg SODIO
19g HIDRATOS DE CARBONO
1g FIBRA ALIMENTARIA
7g AZÚCARES TOTALES
3g PROTEÍNAS

INTERCAMBIOS *diabéticos*

1 1/2 ALMIDÓN
1 GRASA

SUGERENCIA SALUDABLE

Mantenga las magdalenas en el congelador y sáquelas para un desayuno o merienda rápidos.

CONSEJO *nutritivo*

Tomar snacks es algo muy saludable cuando está tratando de mantener su peso, y son mejor tolerados que las comidas más abundantes.

D G

SALSA DE FRESAS

Esta salsa le ofrecerá un doble placer, ya que se hace con fresas y al mismo tiempo se mojan las fresas en la salsa, ¡simplemente delicioso!

INFORMACIÓN *nutritiva* POR PORCIÓN

CALORÍAS	15 kcal
CALORÍAS DE GRASA	4%
GRASA	0g
GRASA SATURADA	0g
COLESTEROL	0mg
SODIO	5mg
HIDRATOS DE CARBONO	4g
FIBRA ALIMENTARIA	0g
PROTEÍNAS	0g

INTERCAMBIOS *diabéticos*

FREE

Ingredientes para 40 porciones (una cucharada por porción)

1 cuarto de galón de fresas sin tallos y picadas
1/4 taza de azúcar moreno ligero
1/4 taza de jugo de naranja
1 taza de yogur griego descremado de vainilla
1/2 cucharadita de la ralladura de cáscara de naranja

1. En un tazón mezcle todos los ingredientes. Refrigérelo.

SUGERENCIA SALUDABLE

Si está tratando de subir de peso, use yogur normal y añada queso crema o leche en polvo.

CONSEJO *nutritivo*

Las fresas contienen potasio extra y vitamina C. Si el recuento de los glóbulos blancos es bajo, no utilice fruta cruda.

SALSA DE ESPINACAS

D

No importa qué decida untar en esta salsa, le resultará deliciosa. Úntela en tostadas de pan francés y métalo al horno. Unte verduras frescas y disfrútela.

Ingredientes para 12 porciones (1/4 de taza por porción)

2 paquetes de espinacas picadas congeladas de 10 onzas
1/2 taza de cebolla picada
2 cucharadas de harina
1 lata de leche evaporada desnatada de 12 onzas
Sal y pimienta al gusto
1/2 cucharadita de ajo en polvo
1 taza de queso *Mozzarella* descremado y rallado

1. Prepare las espinacas siguiendo las instrucciones del paquete y escúrrelas bien.
2. En un sartén grande antiadherente cubierta con aceite aerosol antiadherente, rehogue la cebolla sobre fuego medio durante 5 minutos o hasta que esté tierna. Añada las espinacas cocidas y la harina. Empiece a agregar la leche poco a poco, sazónelo con sal y pimienta a su gusto y añada el ajo en polvo.
3. Cocínelo a fuego medio hasta que espese y empiece a hacer burbujas. Añada el queso mozzarella, revolviendo hasta que el queso se derretida.

INFORMACIÓN *nutritiva* POR PORCIÓN

68 kcal CALORÍAS
22% CALORÍAS DE GRASA
2g GRASA
1g GRASA SATURADA
7mg COLESTEROL
116mg SODIO
7g HIDRATOS DE CARBONO
2g FIBRA ALIMENTARIA
6g PROTEÍNAS

INTERCAMBIOS *diabéticos*

1/2 CARNE SIN GRASA
1/2 LECHE DESCREMADA

SUGERENCIA SALUDABLE

Puede servir este salsa como acompañamiento para untar verduras frescas como pimientos rojos cortados cuadrados, pepinos, calabacín, etc.

CONSEJO *nutritivo*

Las espinacas tienen un concentrado de fitonutrientes y flovonoides que ayudan como antioxidantes muy saludables.

BATIDO TROPICAL

Los batidos son un aperitivo o snack ideal y pueden sustituir una comida cuando no tenga demasiado apetito.

INFORMACIÓN nutritiva POR PORCIÓN

CALORÍAS 163 kcal
CALORÍAS DE GRASA 6%
GRASA 1g
GRASA SATURADA 0g
COLESTEROL 1mg
SODIO 30mg
HIDRATOS DE CARBONO 40g
FIBRA ALIMENTARIA 3g
PROTEÍNAS 4g

INTERCAMBIOS diabéticos

FRUTA 3
LECHE DESCREMADA 1/2

Ingredientes para 2 porciones (una taza por porción)

1 plátano maduro en rodajas
1/2 taza de melocotones o duraznos frescos o congelados, picados
1 taza de mango, papaya, néctar de melocotón o jugo
1/2 taza de leche o suplemento nutricional
4 cubos de hielo

1. En un procesador de alimentos o licuadora combine todos los ingredientes y mézclelos hasta que esté cremoso. Agregue más líquido si es necesario.

SUGERENCIA SALUDABLE

En cualquier receta de batido puede utilizar los siguientes líquidos: leche de soja, leche de arroz, leche de almendra, leche de avena, leche descremada o suplementos nutricionales.

CONSEJO nutritivo

Los plátanos contienen una gran cantidad de nutrientes que ayudan a reconstruir el colágeno y evitar la inflamación, como la vitamina C, B-6 y ácido fólico.

SALSA MEDITERRÁNEA EN CAPAS *(foto en pág. 11*

Una salsa llena de sabores maravillosos, ideal para cualquier momento del día.

INFORMACIÓN nutritiva POR PORCIÓN

CALORÍAS 61 kcal
CALORÍAS DE GRASA 31%
GRASA 3g
GRASA SATURADA 1g
COLESTEROL 1mg
SODIO 189mg
HIDRATOS DE CARBONO 5g
FIBRA ALIMENTARIA 2g
PROTEÍNAS 3g

INTERCAMBIOS diabéticos

ALMIDÓN 1/2
GRASA 1/2

Ingredientes para 8 porciones

1 paquete hummus o crema de garbanzos de 7 onzas
1 taza de espinacas fresca picadas
1/2 taza de tomates picados
1/2 taza pepinos picados
1/4 taza de cebolla roja picada
1/4 taza de queso tipo *Feta* descremado y desmenuzado
2 cucharadas de aceitunas negras en rodajas

1. En un fuente de 9 pulgadas, unte el hummus.
2. Esparza uniformemente el resto de los ingredientes y métalo en la nevera hasta que esté listo para servirlo.

SUGERENCIA SALUDABLE

Esta salsa es ideal para dejarla preparada el día anterior. Sírvala con chips de pita o como aperitivo ligero.

CONSEJO nutritivo

Puede comprar hummus de sabores variados (el de pimiento asado es excelente) para añadir algo extra a esta receta. O cambie las aceitunas por otras más exóticas.

ENSALADA DE PASTA ITALIANA

D

Puede adaptar esta receta vegetariana a su gusto o a las limitaciones de su despensa. Use su imaginación con los ingredientes e incluya su pasta favorita.

Ingredientes para 8-12 porciones

1 paqueta de pasta ziti de 8 onzas
1 paquete de pasta rotini tricolor de 4 onzas
1 pimiento verde sin semillas y picado
1 pimiento rojo sin semillas y picado
1/2 taza de apio picado
2 cucharaditas de alcaparras escurridas
1/3 taza de cebollas verdes picadas
2 tomates pequeños picados
1/2 taza de vinagre de vino
1/4 taza de agua
1 cucharadita de albahaca seca
1 cucharadita de orégano
1/2 cucharada de ajo picado
1 cucharada de mostaza tipo *Dijon*
1/4 taza de queso *Parmesano* rallado

1. Cocine las dos pastas juntas siguiendo las instrucciones de los paquetes. Enjuáguela, escúrrala, colóquela en un tazón grande. Agregue los pimientos, el apio, las alcaparras, las cebollas verdes y los tomates.
2. En un tazón pequeño mezcle el vinagre con el agua, la albahaca, el orégano, el ajo, la mostaza y el queso parmesano; mézclelo todo bien. Viértalo sobre la pasta y revuélvalo todo bien. Sírvalo o guárdelo en la nevera.

INFORMACIÓN *nutritiva* POR PORCIÓN

127 kcal CALORÍAS
8% CALORÍAS DE GRASA
1g GRASA
1g GRASA SATURADA
2mg COLESTEROL
96mg SODIO
24g HIDRATOS DE CARBONO
1g FIBRA ALIMENTARIA
3g AZÚCARES TOTALES
5g PROTEÍNAS

INTERCAMBIOS *diabéticos*

1 1/2 ALMIDÓN

SUGERENCIA SALUDABLE

Los alimentos fríos o a temperatura ambiente, como esta ensalada de pasta, se toleran mejor cuando uno no se sienta bien. Añada pollo asado para convertirlo en una comida más sustancial.

CONSEJO *nutritivo*

La pasta es rica en hidratos de carbono, baja en grasa y deliciosa. Pruebe la pasta integral para aumentar la ingestión de fibra y nutrientes.

CUADRADOS DE ALCACHOFA

D

INFORMACIÓN *nutritiva* POR PORCIÓN

CALORÍAS 37 kcal
CALORÍAS DE GRASA 28%
GRASA 1g
GRASA SATURADA 1g
COLESTEROL 16mg
SODIO 119mg
HIDRATOS DE CARBONO 4g
FIBRA ALIMENTARIA 1g
AZÚCARES TOTALES 1g
PROTEÍNAS 3g

INTERCAMBIOS *diabéticos*

VERDURA 1

Estos sabrosos cuadraditos de alcachofa se pueden servir calientes, a temperatura ambiente o incluso hasta fríos, solo acuérdese de cubrirlos cuando los recaliente.

Ingredientes para 30 cuadrados

1 taza de cebolla picada
1 taza de pimiento rojo picado
1 taza de pimiento verde picado
1 taza de champiñones en rodajas
1 cucharadita de ajo picado
2 latas de corazones de alcachofa enjuagados, escurridos y picados de 14 onzas
3 claras de huevo batidas ligeramente
2 huevos batidos
1 cucharadita de orégano
1 cucharadita de albahaca seca
1/2 taza de migas de pan con especias italianas
3/4 taza de queso *Cheddar* descremado y rallado
1/4 taza de queso *Parmesano* rallado

1. Precaliente el horno a 350°F. Cubra con aceite aerosol antiadherente un fuente rectangular para meter al horno.
2. Cubra con aceite aerosol antiadherente una olla mediana y rehogue a fuego medio la cebolla, el pimiento rojo, el pimiento verde, los champiñones y el ajo, hasta que estén tiernos.
3. En un tazón grande, agregue verduras cocinadas y el resto de los ingredientes, revuelva hasta que esté todo bien mezclado.
4. Vierta la mezcla en el molde para el horno que ya tiene preparado. Métalo al horno por 30 minutos o hasta que la mezcla cuaje y esté dorado. Córtelo en cuadrados antes de servir.

SUGERENCIA SALUDABLE

Es muy recomendable el tomar snacks o aperitivos al o largo del día en vez de sentarse a comer una comida abundante, sobre todo cuando está tratando de mantener o de ganar peso. Esta receta es ideal como merienda o incluso desayuno, manténgala siempre preparada en el nevera.

CONSEJO *nutritivo*

Las alcachofas son bajas en sodio, no tienen grasa, muy bajas calorías y son ricas en antioxidantes y fitonutrientes.

PITA PARMESANA

D

Estas pitas sazonadas y crujientes son fantásticas cuando se sirven calientes o a temperatura ambiente. Prepare el relleno con anticipación, métalo en la nevera y téngalo listo como aperitivo en cualquier momento.

Ingredientes para 15 porciones (4 triángulos por porción)

1/2 taza de mayonesa ligera
1/4 taza de yogur descremado
3/4 taza de queso *Parmesano* rallado
1 cucharadita de albahaca seca
1 cucharadita de orégano
1 cucharadita de jugo de limón
5 panes de pita (pan árabe) de harina integral

1. Precaliente el horno a 350° F. Cubra con aceite aerosol antiadherente una bandeja para el horno.
2. En un tazón pequeño mezcle todos los ingredientes excepto el pan de pita.
3. Divida los panes de pita por la mitad y córtelos cada mitad en 6 triángulos (cada pita hace 12 triángulos). Unte cada triángulo con 1/2 cucharadita de la mezcla. Métalos al hornor de 8 a 10 minutos o hasta que estén crujientes.

INFORMACIÓN *nutritiva* POR PORCIÓN

92 kcal CALORÍAS
33% CALORÍAS DE GRASA
4g GRASA
1g GRASA SATURADA
0mg COLESTEROL
6mg SODIO
12g HIDRATOS DE CARBONO
1g FIBRA ALIMENTARIA
1g AZÚCARES TOTALES
4g PROTEÍNAS

INTERCAMBIOS *diabéticos*

1 ALMIDÓN
1/2 GRASA

SUGERENCIA SALUDABLE

Use tijeras de cocina para cortar los panes de pita, también puede sustituir la albahaca y el orégano por especias italianas o cualquier otra especia de su agrado.

CONSEJO *nutritivo*

Al utilizar pan de pita integral está aumentando su consumo de fibra 4 gramos por pita.

MINI PIZZAS DE QUESO

A veces una simple pizza es el mejor tentempié. Disfrútelas como merienda o almuerzo ligero ya que son fáciles de preparar.

Ingredientes para 10 pizzas

1 lata de masa para panecillos tipo *biscuit* refrigerados (paquete de 10 panecillos)
1/3 taza de salsa de tomate
1/2 cucharadita de orégano
1/2 taza de queso *Mozzarella* descremado y rallado

1. Precaliente el horno a 450°F. Cubra con aceite aerosol antiadherente una fuente para el horno.
2. Separe los panecillos tipo *biscuit* del paquete. Presione y aplaste con los dedos cada uno para crear un círculo de 4 pulgadas en el molde que ya tiene preparado.
3. En un tazón pequeño mezcle la salsa de tomate y el orégano. Ponga una cucharada de la mezcla de salsa de tomate en cada pan aplastado. Espolvoree el queso rallado sobre salsa de tomate. Métalas al horno de 8 a 10 minutos o hasta que el queso se derrita.

INFORMACIÓN *nutritiva* POR PORCIÓN

CALORÍAS	127 kcal
CALORÍAS DE GRASA	8%
GRASA	1g
GRASA SATURADA	1g
COLESTEROL	2mg
SODIO	96mg
HIDRATOS DE CARBONO	24g
FIBRA ALIMENTARIA	1g
PROTEÍNAS	5g

INTERCAMBIOS *diabéticos*

ALMIDÓN 1 1/2

SUGERENCIA SALUDABLE

Cuando se ponga a hacer estas mini pizzas, haga extra y manténgalas en el congelador o en la nevera. Son un aperitivo y comida ligero ideal en cualquier momento del día.

CONSEJO *nutritivo*

Si lo desea, también puede añadir especias variadas o verduras, como pimientos rojos, aceitunas negras y champiñones lo que le aportará más vitaminas y más nutrientes.

CÁSCARAS DE BATATAS O CAMOTES

Este es un plato favorito en los Estados Unidos y esta es una versión más saludable ya que vamos a usar batatas o camotes que son ricos en fibra, perfectos para cualquier aperitivo.

Ingredientes para 12 cáscaras

6 batatas o camotes medianos
4 rebanadas de tocino de pavo frito y desmenuzado
1/2 taza de cebollas verdes picadas
2/3 taza de queso *Cheddar* descremado y rallado

1. Lave las batatas o camotes y séquelas bien. Cocínelas en el microondas a temperatura alta de 8 a 10 minutos, dependiendo del tamaño; o las puede meter al horno a 425°F de 50 a 60 minutos. Cuando las batatas o camotes se enfrien un poco, córtelos por la mitad a lo largo y con una cuchara sáqueles la pulpa, dejando sólo las cáscaras de un ancho 1/4 pulgada (guarde la pulpa para otro uso). Corte las cáscaras por la mitad, a lo ancho.
2. Ponga las cáscaras en una bandeja para el horno cubierta con papel de aluminio. Cúbralas con aceite aerosol antiadherente.
3. Métalas al horno a 475°F de 5 a 7 minutos. Deles la vuelta a las cáscaras, cúbralas con aceite aerosol de nuevo y métalas de nuevo al horno de 3 a 5 minutos más o hasta que estén tostadas.
4. En un tazón pequeño mezcle las cebollas verdes, el tocino y el queso. Espolvoree la mezcla encima de las cáscaras. Métalas de nuevo al horno 2 minutos más o hasta que el queso se haya derretido.

INFORMACIÓN *nutritiva* POR PORCIÓN

79 kcal CALORÍAS
25% CALORÍAS DE GRASA
2g GRASA
1g GRASA SATURADA
7mg COLESTEROL
155mg SODIO
11g HIDRATOS DE CARBONO
2g FIBRA ALIMENTARIA
2g AZÚCARES TOTALES
4g PROTEÍNAS

INTERCAMBIOS *diabéticos*

1 ALMIDÓN
1/2 CARNE SIN GRASA

SUGERENCIA SALUDABLE

Con la pulpa que le sobró haga un puré mezclando leche descremada, crema agria, sal y pimienta, e incluso una pizca de canela.

CONSEJO *nutritivo*

La cáscara de la batata o camote está llena de nutrición, incluyendo betacarotenos, que se convierte en vitamina A, un complejo de antioxidantes muy potente.

D

INFORMACIÓN *nutritiva* POR PORCIÓN

CALORÍAS 54 kcal
CALORÍAS DE GRASA 27%
GRASA 2g
GRASA SATURADA 0g
COLESTEROL 7mg
SODIO 167mg
HIDRATOS DE CARBONO 7g
FIBRA ALIMENTARIA 0g
AZÚCARES TOTALES 2g
PROTEÍNAS 4g

INTERCAMBIOS *diabéticos*

ALMIDÓN 1/2
CARNE SIN GRASA 1/2

EMPANADAS DE CARNE

Esta es una versión simplificada de las empanadillas de carne españolas. Contiene un montón de sabores, incluyendo toques dulces, y puede estar seguro que desaparecerán de sus manos en cuanto las saque del horno. Elija su relleno preferido, incluso huevos duros.

Ingredientes para 3 docenas

1 libra de solomillo de cerdo molido
1 cebolla picada
1 cucharadita de ajo picado
1 1/2 cucharadita de chile o pimentón picante en polvo
1 cucharadita de comino molido
1/3 taza de aceitunas verdes picadas
1/4 de taza de uvas pasas doradas picadas
1/2 taza de salsa de tomate
Sal y pimienta al gusto
2 paquetes de masa para panecillos de hojaldre tipo *Flaky Biscuits*

1. Precaliente el horno 350°F. Cubra con aceite aerosol antiadherente una fuente para el horno.

2. En una sartén mediana antiadherente cocine a fuego medio la carne, la cebolla y el ajo, de 8 a 10 minutos. Escurra el exceso de grasa. Añada el resto de los ingredientes, con excepción de los panes de hojaldre. Retírelo del fuego.

3. Separe cada panecillo por la mitad, por capas, hasta que tenga 40 porciones. Presione con los dedos o con las palmas de las manos en el centro de la masa para hacer círculos de 4 pulgadas. Ponga una cucharada de la mezcla de carne en el centro de cada círculo. Doble el círculo de masa por la mitad para crear una media luna, presione los bordes con tenedors para sellar la carne adentro. Una vez listos, colóquelos en la fuente para el horno que ya tiene preparada. Métalos al horno de 17 a 20 minutos o hasta que estén doradas.

SUGERENCIA SALUDABLE

En lugar de masa para panecillos, también puede utilizar masa para pastel o cualquier otra masa refrigerada.

CONSEJO *nutritivo*

Trate de comprar carne sin grasa, sobre todo lomos.

PAN DE ARÁNDANOS Y BATATA O CAMOTE

Pan excepcionalmente rápido y fantástico, que se empieza a preparar con una mezcla ya preparada de pan. El queso crema le da un sabor intenso, las batatas o camotes un sabor el dulce y los arándanos un toque de fruta.

Ingredientes para 16 porciones

1 paquete de queso crema descremado de 8 onzas
1 taza de azúcar
1 lata de batatas escurridas y hechas puré de 15 onzas
2 huevos
1 1/2 tazas de mezcla ya preparada para hacer pan o *biscuit baking mix*
1 cucharadita de canela molida
1/2 cucharadita de nuez moscada molida
1 taza de arándanos secos o frescos

1. Precaliente el horno a 350°F. Cubra con aceite aerosol antiadherente un molde para el horno de 9 x 5 x 3 pulgadas.
2. En un tazón grande bata el queso crema y el azúcar hasta que esté cremoso. Añada las batatas o camotes y los huevos. Mezcle la harina ya preparada para hacer pan, la canela, la nuez moscada y los arándanos; combínelo todo bien. Traslade la mezcla al molde que ya tiene preparado.
3. Métalo al horno de 45 a 60 minutos o hasta que cuando inserte un palillo en el centro de la masa y salga limpio. Deje que se enfríe unos 15 minutos antes de servirlo.

INFORMACIÓN *nutritiva* POR PORCIÓN

189 kcal CALORÍAS
26% CALORÍAS DE GRASA
6g GRASA
3g GRASA SATURADA
37mg COLESTEROL
231mg SODIO
31g HIDRATOS DE CARBONO
1g FIBRA ALIMENTARIA
3g AZÚCARES TOTALES
4g PROTEÍNAS

INTERCAMBIOS *diabéticos*

1 1/2 ALMIDÓN
1/2 FRUTA
1 GRASA

SUGERENCIA SALUDABLE

Los arándanos frescos se pueden congelar por un año. Este tipo de pan rápido también se congela bien. Puede añadir o reemplazar con cualquier otra fruta.

CONSEJO *nutritivo*

Los arándanos proporcionan una gran cantidad de beneficios para la salud debido a su alto nivel de vitamina C y propiedades antioxidantes, incluyendo la prevención de infecciones en el tracto urinario, crecimiento y reparación de tejidos.

BARRITAS DE CACAHUETE O MANÍ, MAÍZ Y CARAMELO

Palomitas de maíz, cacahuetes o manís y avena con sirope de caramelo. Una merienda irrestible.

Ingredientes para 42-48 porciones

1 1/2 tazas de avena
1 taza de cacahuetes o manís tostados
4 cucharadas de mantequilla
2 cucharadas de aceite de colza
2/3 taza de azúcar moreno ligero
1/3 taza de miel
1/2 cucharadita de extracto de vainilla
12 tazas de palomitas de maíz

1. Precalienteel horno a 350°F. Cubra con papel de aluminio y aceite aerosol antiadherente una fuente para el horno de 15 x 10 x 1 pulgadas.
2. En la fuente para el horno ponga la avena y los cacahuetes o manís y métalos al horno de 12 a 14 minutos.
3. En una olla mediana combine la mantequilla, el aceite, el azúcar y la miel. Cocínelo a fuego medio dándole vueltas hasta que empiece a hervir. Cuézalo durante un minuto y medio. Sáquelo del fuego y añada el extracto de vainilla.
4. En un tazón grande ponga las palomitas de maíz y vierta encima la mezcla caliente que acaba de preparar. Dele vueltas hasta que todas las palomitas estén cubiertas. Añada la avena y los cacachuetes o manís, mézclelo de nuevo. Ponga la mezcla completa en la fuente del horno y aplástela bien. Deje que se enfríe y córtela en cuadrados. Guárdelos cubiertos en bolsas de plástico herméticas.

D G

INFORMACIÓN *nutritiva* POR PORCIÓN

CALORÍAS 74 kcal
CALORÍAS DE GRASA 47%
GRASA 4g
GRASA SATURADA 1g
COLESTEROL 3mg
SODIO 8mg
HIDRATOS DE CARBONO 9g
FIBRA ALIMENTARIA 1g
AZÚCARES TOTALES 5g
PROTEÍNAS 1g

INTERCAMBIOS *diabéticos*

OTROS HIDRATOS DE CARBONO 1/2
GRASA 1

SUGERENCIA SALUDABLE

Ponga papel de aluminio cubierto con aceite aerosol antiadherente para facilitar la limpieza de la fuente para el horno.

CONSEJO *nutritivo*

Añada mas cacahuetes o manís, o cualquier otro fruto seco como almendras o nueces para aumentar la ingestión de calorías y ganar peso.

SALSA DE ESPINACAS

CUADRADOS DE ALCACHOFA

SALSA MEDITERRÁNEA EN CAPAS

BARRAS DE MANÍ, MAÍZ Y CARAMELO

ENSALADA DE PASTA ITALIANA

PITA PARMESANA

MAGDALENAS DE DESAYUNO

CÁSCARAS DE BATATAS O CAMOTES

SALSA DE FRESAS

PAN DEARÁNDANOS Y BATATA O CAMOTE

SOPA DE POLLO CUBANA (PÁG. 123)

8

cuidado del PACIENTE

CUIDADO DEL PACIENTE

- *¿Debería prepara comidas y congelarlas?*
- *¿Son los aperitivos y comidas ligeras una buena idea?*

Cuando uno está enfermo no hay nada más reconfortante que la compañía de un amigo. Algunas veces los pacientes no quieren hablar de su falta de apetito o de su situación. El hecho de estar ahí, disponible para escucharlos y apoyarlos, es mejor que cualquier regalo. Un aperitivo sabroso, un plato preparado o un menú saludable puede traer alegría y cariño a las personas queridas. Este tipo de actos también pueden ayudar a los miembros de la familia o la persona que esté dedicada al cuidado del paciente.

En muchas ocasiones, el simple olor a comida puede disgustar al paciente y hacerle sentir mal. Otras veces es necesario prepara la comida fuera de la casa para que el olor no les afecte. Y cuando el paciente no puede oler la comida mientras se está cocinando, tiende a comer y a disfrutarla más. Trataremos de darle recetas que se puedan calentar, descongelar o servir con una preparación mínima. Otra cosa que ayuda mucho es usar platos de papel y cubiertos de plástico y desechables, para que no tenga que preocuparse por lavarlos. Trate de que cada menú que prepare sea sencillo y atractivo. El comer con un amigo o con la familia puede ayudar mucho emocionalmente; a nadie le gusta comer solo.

¿QUÉ SE PUEDE HACER PARA AYUDAR A UN PACIENTE QUE PADECE DE CÁNCER?

- Dar ánimo y apoyo sin ser agobiante
- Acompañarlos a la tienda para comprar comida
- Ayudarles a hacer la lista de la compra, e ir al supermercado por ellos
- Ayudarles a para preparar la comida
- Ayudarles a organizar meriendas, snacks o comidas fáciles que puedan tener listas en cualqueir momento del día
- Organizar a amigos o familiares para que cocinen para el paciente y su familia
- Las comidas que le lleve al paciente deben estar en recipientes desechables
- Haga los recados que el paciente necesite
- Coma con ellos
- Sáquelos de paseo en automóvil
- Léales un libro o cualqueir publicación que sea de su gusto
- Trate de relevar a la persona que les esté cuidando

ENSALADA DE PAELLA

Esta ensalada tiene un presentación muy festiva, llena de colores y texturas diferentes y, convencerá a los más excépticos de que una ensalada puede convertirse en un plato principal.

Ingredientes para 6 porciones

2 paquetes de arroz amarillo con azafrán de 5 onzas
1/4 taza de vinagre balsámico
1/4 taza jugo de limón
1 cucharada de aceite de oliva
1 cucharadita de albahaca seca
1/8 cucharadita de pimienta
1 libra de camarones medianos cocidos y pelado
1 lata de corazones de alcachofa escurridos y cortados en cuartos de 14 onzas
3/4 taza de pimiento verde
1 taza de guisantes verdes congelados
1 taza de tomate picado
1 tarro de pimiento asados escurridos y picados de 2 onzas
1/2 taza de cebolla roja picada
2 onzas de jamón serrano o *prosciutto* picado

1. Prepare el arroz siguiendo las instrucciones del paquete; póngalo a un lado.
2. En un tazón pequeño mezcle el vinagre, el jugo de limón, el aceite, la albahaca y la pimienta; póngalo a un lado.
3. En un tazón grande combine el arroz cocido con los camarones, la alcachofa, el pimiento asado, los guisantes, el tomate, el pimiento verde, la cebolla y el jamón serrano, mezclando todo bien. Vierta encima de la mezcla de arroz, el aderez. Cúbralo y refrigérelo por lo menos 2 horas antes de servirlo.

INFORMACIÓN *nutritiva* POR PORCIÓN

342 kcal CALORÍAS
12% CALORÍAS DE GRASA
5g GRASA
1g GRASA SATURADA
156mg COLESTEROL
1,106mg SODIO
50g HIDRATOS DE CARBONO
3g FIBRA ALIMENTARIA
25g PROTEÍNAS

INTERCAMBIOS *diabéticos*

3 ALMIDÓN
1 VERDURAS
2 1/2 CARNE SIN GRASA

SUGERENCIA SALUDABLE

La paella es un plato típico de España y contiene arroz condimentado con azafrán, carnes y pescados variados, ajo, cebolla, guisantes, alcachofas y tomates. También puede sustituir el marisco con pollo.

CONSEJO *nutritivo*

Las alcachofas son bajas en sodio, no tienen grasa, son bajas en calorías y ricas en antioxidantes y fito nutrientes.

ESPINACAS CON GARBANZOS

INFORMACIÓN *nutritiva* POR PORCIÓN

CALORÍAS **68 kcal**
CALORÍAS DE GRASA **31%**
GRASA **2g**
GRASA SATURADA **0g**
COLESTEROL **0mg**
SODIO **152mg**
HIDRATOS DE CARBONO **9g**
FIBRA ALIMENTARIA **2g**
AZÚCARES TOTALES **2g**
PROTEÍNAS **3g**

INTERCAMBIOS *diabéticos*

ALMIDÓN 1/2
GRASA 1/2

Una combinación muy sabrosa y que puede servir de acompañamiento para cualquier comida. Es una tapa española tradicional de los bares de Sevilla.

Ingredientes para 8 porciones

1 cucharada de aceite de oliva
1 cucharadita de ajo picado
1/2 taza de cebolla picada
8 tazas de espinacas
1 lata de garbanzos enjuagados y escurridos de 15 onzas
1/2 cucharadita de comino molido
Sal al gusto

1. En una sartén antiadherente mediana caliente el aceite y añada el ajo y la cebolla hasta que estén tiernos, como unos 5 minutos. Agrege el resto de los ingredientes. Con una cuchara, aplaste los garbanzos ligeramente y caliéntelo todo bien.

SUGERENCIA SALUDABLE

Para facilitar la preparación de esta receta, compre cebollas ya picadas y espinacas pre lavadas. Esto le ayudará sobre todo cuando no se sienta bien.

CONSEJO *nutritivo*

El color intenso de las espinacas muestra que está llena de vitaminas, minerales y antioxidantes que ayudan a mantener la vista y el corazón sanos.

SOPA DE POLLO CUBANA

Para hacer esta sopa estilo cubana de forma mucho más rápida, puede comprar un pollo asado y, lo mejor de todo, es que puede adaptar los ingredientes dependiendo de su estado de ánimo.

Ingredientes para 8 porciones (una taza por porción)

1 manojo de cebollas verdes picadas
1 pimiento rojo sin semillas y picado
1 yuca pelada y cortada en cubitos (2/3 taza)
1 taza de patatas rojas peladas y cortadas en cubitos
1 plátano banano pelado y cortado en rodajas
6 tazas de caldo de pollo sin grasa
1 cucharadita de ajo picado
1 cucharadita de comino molido
1 cucharadita de orégano
4 tazas de trozos de pollo asado sin piel
2 cucharadas de jugo de lima
Cilantro (opcional)
Sal y pimienta al gusto

1. En una olla grande cubierta con aceite aerosol antiadherente, combine las cebollas verdes, el pimiento, la yuca, las patatas, la plátano banano, el caldo de pollo, el ajo, el comino y el orégano; llévelo a ebullición.
2. Reduzca el fuego, cúbralo y cocínelo 20 minutos más o hasta que los vegetales estén tiernos. Agregue el pollo, revolviendo hasta que esté aliente.
3. Agregue el jugo de limón y el cilantro (si lo desea) y sazónelo con sal a su gusto.

INFORMACIÓN *nutritiva* POR PORCIÓN

216 kcal CALORÍAS
24% CALORÍAS DE GRASA
6g GRASA
1g GRASA SATURADA
78mg COLESTEROL
947mg SODIO
21g HIDRATOS DE CARBONO
3g FIBRA ALIMENTARIA
6g AZÚCARES TOTALES
21g PROTEÍNAS

INTERCAMBIOS *diabéticos*

1 ALMIDÓN
1 VERDURAS
1 1/2 CARNE SIN GRASA

SUGERENCIA SALUDABLE

Por lo general una lima mediana produce 2 cucharadas de jugo. También puede comprar el jugo de lima envasado para tenerlo a mano en todo momento.

CONSEJO nutritivo

La yuca es una fuente excelente de potasio, que ayuda al cuerpo en la reconstrucción de los músculos y en la actividad eléctrica del corazón.

POLLO Y COMPAÑÍA

INFORMACIÓN *nutritiva* POR PORCIÓN

CALORÍAS **287 kcal**
CALORÍAS DE GRASA **19%**
GRASA **6g**
GRASA SATURADA **1g**
COLESTEROL **90mg**
SODIO **330mg**
HIDRATOS DE CARBONO **12g**
FIBRA ALIMENTARIA **1g**
AZÚCARES TOTALES **17g**
PROTEÍNAS **42g**

INTERCAMBIOS *diabéticos*

VERDURA **1**
LECHE DESCREMADA **1/2**
CARNE SIN GRASA **4**

SUGERENCIA SALUDABLE

Si está preparando este plato para llevárselo a alguien, coloque el pollo en un recipiente desechable. Prepare arroz integral o silvestre y métalo en una bolsa de plástico hermética. Se congela muy bien.

CONSEJO nutritivo

Este plato es rico en vitamina B, cobre y otros minerales. Las vitaminas de tipo B ayudan a convertir los hidratos de carbono en energía. Una deficiencia en vitamina B provoca que la piel se seque.

Esta es una receta excelente para cocinar pollo. Sírvalo con arroz integral o arroz silvestre para que absorba los jugos del pollo.

Ingredientes para 6 porciones

2 libras de pechugas de pollo sin hueso y sin piel
Sal y pimienta al gusto
2 cucharadas de mantequilla
1/2 libra de champiñones cortados en rodajas
1/2 copa de licor de Jerez o caldo de pollo sin grasa
2 cucharadas de jugo de limón
1 lata de corazones de alcachofas cortados en cuartos y escurridos de 14 onzas
1 taza de leche descremada evaporada
1/2 taza de cebolla verde picada
1/2 taza de yogur descremado

1. Sazone el pollo con sal y pimienta a su gusto. Cubra con aceite aerosol antiadherente una sartén grande, añada la mantequilla y cocínela hasta que se derrita. Agregue el pollo y dórelo por ambos lados, de 3 a 5 minutos por cada lado; añada los champiñones, el licor de Jerez y el jugo de limón.
2. Llévelo todo a ebullición, reduzca el fuego, tápelo y cocínelo de 20 a 30 minutos o hasta que el pollo esté listo.
3. Añada las alcachofas y la leche evaporada. Revuélvalo todo bien y cocínelo 5 minutos más. Sáquelo del fuego y agregue la cebolla verde y el yogur.

POLLO MADRILEÑO

D G

Sabores exquisitos en unas pechugas de pollo cocinadas en salsa de tocino, pimentón picante y dátiles.

Ingredientes para 8 porciones

2 cucharadas de aceite de oliva
2 libras de pechugas de pollo sin huesos y sin piel cortadas finas
1/2 taza de harina
6 rodajas de tocino de pavo picado
2 cebollas picadas
1 cucharada de ajo picado
1/2 taza de dátiles picados (como 10 dátiles)
2 1/2 tazas caldo de pollo sin grasa y bajo en sodio
1 cucharada de chile o pimentón picante en polvo
Sal y pimienta al gusto

1. Reboce el pollo con la harina, hasta que esté todo bien cubierto. En una sartén antiadherente grande caliente el aceite y dore el pollo de cada lado por varios minutos. Retírelo de la sartén y póngalo en un plato aparte.
2. En la misma sartén cocine el tocino, la cebolla y el ajo hasta que el tocino esté listo y las cebollas y el ajo tiernos. Agregue los dátiles y el caldo de pollo; llévelo a ebullición. Reduzca el fuego y hiérvalo a fuego lento unos 10 minutos.
3. Regrese el pollo a la sartén y añada el chile o pimentón picante en polvo; sazónelo con sal y pimienta a su gusto. Cúbralo con una tapa y continue cocinándolo a fuego lento como unos 15 minutos o hasta que el pollo esté listo.

INFORMACIÓN *nutritiva* POR PORCIÓN

255 kcal CALORÍAS
28% CALORÍAS DE GRASA
8g GRASA
2g GRASA SATURADA
80mg COLESTEROL
270mg SODIO
18g HIDRATOS DE CARBONO
2g FIBRA ALIMENTARIA
9g AZÚCARES TOTALES
28g PROTEÍNAS

INTERCAMBIOS *diabéticos*

1/2 ALMIDÓN
1/2 FRUTA
3 CARNE SIN GRASA

SUGERENCIA SALUDABLE

Puede encontrar los filetes de de pechuga de pollo cortados finos en el supermercado.

CONSEJO *nutritivo*

Los dátiles tienen fibra muy beneficial para el corazón y le ayudarán a mantener su peso.

ESTOFADO CUBANO (ROPA VIEJA)

INFORMACIÓN *nutritiva* POR PORCIÓN

CALORÍAS **197 kcal**
CALORÍAS DE GRASA **42%**
GRASA **9g**
GRASA SATURADA **4g**
COLESTEROL **48mg**
SODIO **378mg**
HIDRATOS DE CARBONO **7g**
FIBRA ALIMENTARIA **1g**
AZÚCARES TOTALES **5g**
PROTEÍNAS **21g**

INTERCAMBIOS *diabéticos*

VERDURAS **1**
CARNE SIN GRASA **3**

Un estofado de carne de vaca muy fácil de preparar en una olla de cocción lenta y lleno de los sabores de Cuba. Sírvalo con arroz o con tortillas mexicanas.

Ingredientes para 8 porciones

2 libras de falda de ternera sin grasa
1 taza de caldo de carne de vaca sin grasa
1 lata de salsa de tomate de 8 onzas
1 lata de pasta de tomate de 6 onzas
1 pimiento verde sin semillas y cortado en tiras
1 cebolla cortada en tiras
1 cucharada de ajo picado
1 cucharadita de comino en polvo
1 cucharada de vinagre

1. Ponga la carne dentro de una olla de cocción lenta que sea de 3 a 6 cuartos de galón. Añada el resto de los ingredientes. Tápela y cocínelo a temperatura baja de 8 a 10 horas, o a temperatura alta unas 4 horas; o hasta que la carne esté muy tierna.
2. Retire la carne de la olla. Con un tenedor deshaga toda la carne y sírvala con la salsa que le quedó en la olla.

SUGERENCIA SALUDABLE

Si su olla de cocción lenta es mucho más grande, trate de aumentar las proporciones de la receta para asegurarse que se la olla está llena por lo menos hasta la mitad.

CONSEJO *nutritivo*

Para hacer el proceso más sencillo si deja las verduras cortadas la noche anterior. Corte las zanahorias en pedazos más pequeños para que se cocinen antes, y corte los pimientos en trozos más grandes. Puede servirlo con cuscús, polenta o arroz.

TACOS DE DISCADA CON PIÑA

Una receta muy popular en la cocina del norte de México y, a menudo, cocinado para familiares o en reuniones de amigos.

Ingredientes para 21 tacos (1/3 de taza por taco)

1/2 taza de chorizo de soja o vegetariano molido (como 6 onzas)
1/4 taza tocino de pavo cortado en trocitos
1 libra de solomillo de cerdo sin grasa y cortado en cubos
1 libra de carne para guisar o cualquier carne de vaca cortada en cubos
1 pimiento rojo sin semillas y picado
1 cebolla roja pequeña picada
1/2 taza de champiñones picados
1 tomate grande picado
1 taza de piña picada
1/4 taza de salsa de Chipotle o al gusto
1/2 taza de cilantro fresco picado
Sal y pimienta al gusto
21 tortillas de maíz

1. En una sartén antiadherente grande, cocine el chorizo y el tocino de 8 a 10 minutos o hasta estén dorados. Agregue el lomo de cerdo, el pimiento rojo, la cebolla, los champiñones, el tomate y la piña.
2. Cocine a fuego medio de 20 a 30 minutos, revolviendo bien o hasta que la carne, las verduras y la piñas estén listas. Agregue la salsa de chipotle y cocínelo 1 minuto más. Retírelo del fuego y añada el cilantro. Condiméntelo a su gusto con sal y pimienta.
3. Sírvalo con tortillas de maíz templadas; use lima y salsa como acompañamiento.

D G

INFORMACIÓN *nutritiva* POR PORCIÓN

107 kcal CALORÍAS
27% CALORÍAS DE GRASA
3g GRASA
1g GRASA SATURADA
26mg COLESTEROL
106mg SODIO
10g HIDRATOS DE CARBONO
1g FIBRA ALIMENTARIA
2g AZÚCARES TOTALES
10g PROTEÍNAS

INTERCAMBIOS *diabéticos*

1/2 ALMIDÓN
1 1/2 CARNE SIN GRASA

SUGERENCIA SALUDABLE

El nombre "discada" deriva de la olla llamada "disco" usada para cocinar este plato. Sirva la carne, las tortillas y los condimentos por separado.

CONSEJO *nutritivo*

Busque cortes de carne sin grasas porque son más saludables para el corazón.

PIMIENTOS ASADOS CON RELLENO

INFORMACIÓN *nutritiva* POR PORCIÓN

CALORÍAS **230 kcal**
CALORÍAS DE GRASA **27%**
GRASA **7g**
GRASA SATURADA **3g**
COLESTEROL **42mg**
SODIO **632mg**
HIDRATOS DE CARBONO **21g**
FIBRA ALIMENTARIA **2g**
AZÚCARES TOTALES **4g**
PROTEÍNAS **20g**

INTERCAMBIOS *diabéticos*

ALMIDÓN **1**
VERDURAS **1**
CARNE SIN GRASA **2 1/2**

SUGERENCIA SALUDABLE

Cuando quiera agasajar a alguien con comida, no se olvide de llevar platos e utensilios desechables, para que no se tengan que preocupar por lavarlos.

CONSEJO *nutritivo*

Una taza de pimientos rojos provee el 200% de la vitamina C necesaria diariamente. Use salsa de tomate sin sal para disminuir su sodio.

¿Quién tiene tiempo para rellenar pimientos? Todos los componentes y la esencia de un pimiento relleno se combinan en un sencillo, colorido y delicioso plato.

Ingredientes para 8 porciones

1 libra de solomillo de cerdo molido
1/2 taza de cebolla picada
1 1/2 tazas de pimientos rojos, verdes y amarillos picados
1 cucharadita de ajo picado
Sal y pimienta al gusto
1 lata de tomates asados y cortados de 14 1/2 onzas
1 1/2 tazas de arroz instánteno sin cocinar (o arroz integral)
1 cucharada de salsa *Worcestershire*
1 cucharadita hojas de albahaca seca
1 cucharadita de orégano
1 1/3 taza queso *Cheddar* rallado bajo en grasa, dividido
1 lata de salsa de tomate de 15 onzas

1. Precaliente el horno a 375° F. Cubra con aceite aerosol antihaderent un molde para el horno de 13 x 9 x 2 pulgadas.
2. En una sartén antiadherente grande ponga la carne, la cebolla, los pimientos y el ajo; cocínelo de 7 a 10 minutos o hasta que se dore la carne. Escurra el exceso de grasa. Condiméntelo con sal y pimienta a su gusto. Añada los tomates, el arroz, la salsa *Worcestershire*, la albahaca y el orégano.
3. Retire del fuego y agregue 2/3 taza de queso, revolviendo para que se mezcle bien. Transfiéralo al molde que ya tiene preparado y ponga la salsa de tomate. Métalo al horno sin cubrir de 20 a 25 minutos o hasta que el arroz esté cocido. Espolvoree el resto del queso y vuelva a meterlo al horno 5 minutos más o hasta que el queso se haya derretido.

CAZUELA DE CAMARONES Y QUESO

Una receta sencilla de camarones y arroz para deleitar a sus invitados.

Ingredientes para 6-8 porciones

1 taza de arroz silvestre
2 libras de camarones medianos cocidos y pelados
6 onzas de queso crema ligero
1/2 taza de leche descremada
1/2 taza cebollas verdes picadas
Sal y pimienta al gusto
Migas de pan

1. Precaliente el horno a 350°F. Cubra con aceite aerosol antiadherente una cazuela para el horno de 2 cuartos de galón.
2. En una olla mediana, cocine el arroz siguiendo las instrucción del paquete. Póngalo a un lado.
3. En un tazón grande combine los camarones y el arroz ya cocinado. En un tazón apto para el microondas, cocine el queso y leche hasta que el queso se derrita; añada las cebollas verdes mezclándolo todo bien. Condiméntelo con sal y pimienta a su gusto. Transfiéralo a la cazuela que ya tiene preparada para el horno y espolvoree todo con pan rallado.
4. Métalo al horno unos 15 minutos o hasta que esté bien caliente.

D G

INFORMACIÓN *nutritiva* POR PORCIÓN

250 kcal CALORÍAS
15% CALORÍAS DE GRASA
4g GRASA
2g GRASA SATURADA
230mg COLESTEROL
599mg SODIO
21g HIDRATOS DE CARBONO
1g FIBRA ALIMENTARIA
3g AZÚCARES TOTALES
30g PROTEÍNAS

INTERCAMBIOS *diabéticos*

1 1/2 ALMIDÓN
5 CARNE SIN GRASA

SUGERENCIA SALUDABLE

Haga esta receta e incluya una ensalada para hacer el menú perfecto. Si le duele la boca o la garganta, corte los camarones en trozos pequeños. También puede sustituir los camarones por pollo.

CONSEJO *nutritivo*

Para hacer esta receta sin gluten, no añada las migas de pan.

PIZZA DE ESPINACAS Y ALCACHOFAS

INFORMACIÓN *nutritiva* POR PORCIÓN

CALORÍAS **169 kcal**
CALORÍAS DE GRASA **23%**
GRASA **4g**
GRASA SATURADA **2g**
COLESTEROL **10mg**
SODIO **379mg**
HIDRATOS DE CARBONO **23g**
FIBRA ALIMENTARIA **1g**
AZÚCARES TOTALES **3g**
PROTEÍNAS **10g**

INTERCAMBIOS *diabéticos*

ALMIDON 1 1/2
CARNE SIN GRASA 1

Una salsa blanca ligera y cremosa con espinacas, alcachofas, tomates deshidratados, queso y aderezo italiano, convierte esta pizza en una comida deliciosa y reconfortante.

Ingredientes para 8 porciones

1 taza de leche descremada
3 cucharadas de harina
1/2 cucharadita de ajo picado
Sal y pimienta al gusto
1 masa de pizza fina de 12 pulgadas
1 taza de espinacas picadas
1/2 cebolla roja pequeña cortada en rodajas
1 lata de corazones de alcachofas escurridos y cortados en cuartos de 14 onzas
3 cucharadas de tomates secos o deshidratados o 1/3 taza de tomates picados
1 cucharadita de hojas de albahaca seca
1 cucharadita de orégano
1 taza de queso *Mozzarella* descremado y rallado

1. Precaliente el horno a 425°F.
2. En una olla antiadherente pequeña sobre fuego medio, combine la leche y la harina, revolviendo hasta que se espese. Añada el ajo y sazónelo con sal y pimienta a su gusto. Extienda la salsa blanca sobre la masa de pizza. Extienda por encima las espinacas, la cebolla, las alcachofas y los tomates secos. Espolvoréelo todo por encima con queso *Mozzarella*, orégano y albahaca.
3. Métalo al horno unos 10 minutos o hasta que la masa esté dorada y el queso se haya derretido.

SUGERENCIA SALUDABLE

A veces es bueno para el estado de ánimo comer con una amigo o familiar. Comer solo no es agradable.

CONSEJO *nutritivo*

Las espinacas están llenas de nutrición gracias a su vibrante color verde. Tienen concentrados de fito nutrientes y flavonoides, ofreciendo protección antioxidante.

CAMARONES ASADOS

Una receta sensacional de camarones con aderezos y especias que combinadas crean una salsa deliciosa.

D

INFORMACIÓN *nutritiva* POR PORCIÓN

179 kcal CALORÍAS
40% CALORÍAS DE GRASA
8g GRASA
1g GRASA SATURADA
168mg COLESTEROL
398mg SODIO
4g HIDRATOS DE CARBONO
1g FIBRA ALIMENTARIA
2g AZÚCARES TOTALES
19g PROTEÍNAS

INTERCAMBIOS *diabéticos*

3 CARNE SIN GRASA

Ingredientes para 2-4 porciones

2 cucharadas de aceite de oliva
2 cucharadas de aderezo para ensalada italiano o tipo *Caesar*
1 cucharada de ajo picado
1/4 cucharadita de pimienta
2 cucharadas de salsa *Worcestershire*
1 cucharadita de pimentón dulce o paprika
1 cucharadita de orégano
1 cucharaditade de tomillo
Sal y pimienta al gusto
1 libra de camarones medianos/grandes pelados
1/3 taza de vino blanco o caldo de pollo sin grasa

1. En una sartén antiadherente grande combine el aceite, el aderezo, el ajo, la pimienta, la sala *Worcestershire*, el pimentón, el orégano, el tomillo y condiméntelo a su gusto con sal y pimienta. Cocínelo todo a fuego medio hasta que empiece a hervir.
2. Añada los camarones y cocínelo durante varios minutos más, revolviendo constantemente. Agregue el vino y cocínelo otros 5 minutos o hasta que los camerones estén listos.

SUGERENCIA SALUDABLE

Sírvalo con pan francés y fideos de cabello de ángel para que absorvan toda la salsa.

CONSEJO *nutritivo*

Los camarones son una buena fuente de proteína, bajos en grasa y sin muchas calorías.

BARRITAS DE CHOCOLATE Y BATATAS O CAMOTES

INFORMACIÓN *nutritiva* POR PORCIÓN

CALORÍAS **134 kcal**
CALORÍAS DE GRASA **31%**
GRASA **5g**
GRASA SATURADA **3g**
COLESTEROL **12mg**
SODIO **116mg**
HIDRATOS DE CARBONO **22g**
FIBRA ALIMENTARIA **0g**
AZÚCARES TOTALES **16g**
PROTEÍNAS **2g**

INTERCAMBIOS *diabéticos*

OTROS HIDRATOS DE CARBONO 1 1/2
GRASA 1

SUGERENCIA SALUDABLE

Cubra la fuente para el horno con papel de aluminio. La mayoría de este tipo de barritas/galleta se congelan bien, así que puede prepara extra para tenerlas listas en cualquier momento.

CONSEJO nutritivo

Las batatas o camotes son una fuente excelente de antioxidantes carotenoidos gracias a su intenso color naranja, y son ideales para reducir la inflamación en el cuerpo.

Un sólo mordisco es lo que necesita para disfrutar de todos los sabores del otoño. El relleno de batata o camote y el chocolate le despertarán los sentidos. Manténgalas en el congelador para cuando se le antoje algo dulce.

Ingredientes para 48 cuadrados

1 paquete de mezcla para bizcocho de especias o *spice cake mix* de 18.25 onzas
1/2 taza de mantequilla derretida
1 huevo
1 paquete de queso crema descremado de 8 onzas
1 lata de batatas o camotes escurridos y hechos puré de 15 onzas
1 caja de azúcar en polvo de 16 onzas
2 claras de huevo
1 cucharadita de extracto de vainilla
2/3 taza de chocolate semidulce

1. Precaliente el horno a 350°F. Cubra con aceite aerosol antiadherente un fuente para el horno de 13 x 9 x 2 pulgadas.
2. En un tazón grande combine la mezcla para bizcocho, la mantequilla derretida y el huevo hasta que esté todo bien mezclado. Ponga la mezcla en el molde para el horno que ya tiene preparado.
3. En un tazón grande bata el queso crema, las batatas o camotes, el azúcar, las claras de huevo y el extracto de vainilla. Añada los trocitos de chocolate. Vierta la mezcla sobre la masa de bizcocho.
4. Métalo al horno de 40 a 50 minutos o hasta que la superficie esté dorada. Déjelo enfriar a temperatura ambiente y córtelo en cuadrados.

ESTOFADO CUBANO (ROPA VIEJA)

ENSALADA DE PAELLA

PIMIENTOS ASADOS CON RELLENO

SOPA DE POLLO CUBANA

POLLO MADRILEÑO

CAMARONES ASADOS

PIZZA DE ESPINACAS Y ALCACHOFAS

TACOS DE DISCADA CON PIÑA

ESPINACAS CON GARBANZOS

CAZUELA DE CAMARONES Y QUESO

POLLO ENVUELTO EN LECHUGA (pág. 132)

9

alimentación saludable DESPUÉS DEL TRATAMIENTO

ALIMENTACIÓN SALUDABLE DESPUÉS DEL TRATAMIENTO

- *¿Tengo que seguir una dieta especial?*
- *¿Puedo comer frutas y verduras frescas y sin cocinar?*
- *¿Qué alimentos disminuyen el riesgo de cáncer?*
- *¿Cuál es el alimento más importante para aminorar el riesgo de contraer cáncer y vivir una vida sana?*
- *¿Que son carcinógenos (sustancias que producen cáncer)?*

Una vez finalizados los tratamientos va a empezar a sentirse mejor. Su paladar vuelve a estar alerta y listo para probar cosas nuevas. Ya no tiene que preocuparse por su recuento sanguíneo o por las llagas en la boca y con suerte su hábitos intestinales se han normalizado. Ahora ya puede comer frutas y verduras frescas.

Alimentos curados con sal y en escabeche contienen cancerígenos naturales que pueden aumentar el riesgo de cáncer en el estómago y el esófago. Los nitratos y nitritos utilizados para preservar las carnes pueden faciliar la formación de nitrosoamina, otra sustancia cancerígena. Los alimentos ahumados pueden absorber los agentes cancerígenos del humo.

Alimentos saludables como las legumbres, la avena, frutas y verduras, disminuyen su riesgo de cáncer. Todos estos alimentos contienen fibras soluble que protegen contra el cáncer de colon.

Las dietas ricas en frutas y verduras protegen la vejiga, el estómago, el esófago y los pulmones. No se olvide de que fumar es el peor cancerígeno que existe. El tabaco es responsable por el cáncer de pulmón, vejiga, esófago, cabeza y cuello. Trate de comer lo más sano posible y NO FUME.

Las verduras crucíferas (col, coliflor y brécol) también pueden reducir su riesgo de cáncer. Los alimentos ricos en vitamina C pueden protegerle contra el cáncer de la boca, esófago, páncreas y estómago.

Las vitaminas A y E ayudan a proteger contra ciertos cánceres, actuando como antioxidantes; en el caso de la vitamina E, inhibiendo la conversión de nitritos en nitrosaminas. El té verde puede proteger contra algunos tipos de cáncer, estimulando la actividad de antioxidantes y enzimas desintoxicantes.

Tenga en cuenta que una dieta que reduce el riesgo de cáncer también reduce el riesgo de desarrollar enfermedades del corazón. También disminuye el riesgo de padecer inflamación del tracto digesitvo y síndrome del intestino irritable. Ambos síndromes están asociados a una dieta baja en fibra.

Hay más estudios sobre los riesgos de la grasa que de cualquier otro factor de riesgo dietético. De echo, hay muchas evidencias de que la grasa aumenta el riesgo de desarrollar cáncer, especialmente en la próstata, colon, pecho, ovarios, endometrio y páncreas.

Todavía no hay evidencia de qué tipo específico de grasa es peor (saturadas, no saturadas, etc.) o cómo cada tipo afecta el riesgo de cáncer. Sin embargo, las normas dietéticas para los Estados Unidos del año 2.010 recomiendan ingerir menos del 10% de las calorías diarias de grasa saturada, y mantener la ingestión de grasas trans a un mínimo, sobre todo para prevenir enfermedades crónicas, que incluye el cáncer y enfermedades de corazón. Las directrices también recomiendan mantener el consumo de grasa total entre el 20% y el 35% de calorías para adultos, con la mayoría de las grasas procedentes de fuentes de poliinsaturados y ácidos grasos monoinsaturados, como el pescado, las nueces y los aceites vegetales.

CÓMO REDUCIR LA GRASA EN SU DIETA DIARIA

- *Coma pollo sin piel o pechugas de pavo*
- *Compre carne sin grasa, como lomos o solomillos molidos*
- *Sustituya la carne por frijoles o habichuelas, pescado o pollo*
- *Sustituya la leche entera por descremada o de 1% de grasa*
- *Sustituya el helado normal por helado de yogur o use productos bajos en grasa*
- *Sustituya croasanes y panes de desayuno por baguels, pan integral, tortillas de maíz o pan de pita (pan árabe)*
- *Sea consciente cuando escoja que alimentos que va a preparar*

Recuerde que no tiene que privarse para siempre de los alimentos que le gustan. Si un día se sobrepasa, haga un esfuerzo por volver a la normalidad al día siguiente. El método de comer saludable durante la semana y darse antojos los fines de semana le funciona a mucha gente. Es importante encontrar el equilibrio que funcione mejor a largo plazo para usted. Su meta es crear un estilo de vida saludable a largo plazo. Con todas estas sabrosas recetas, encontrará que su dieta no tiene porqué ser diferente a la de otras personas, lo que cambia es el enfoque a la hora de prepararlas. Disfrute comiendo y manténgase saludable.

No hay un solo alimento o grupo de alimentos que sea más importante que otro para la supervivencia. Una dieta equilibrada sana, con moderación, es la clave del triunfo.

SUGERENCIAS PARA TENER UNA DIETA SANA Y EQUILIBRADA A LARGO PLAZO

- *Mantenga el consumo de grasa total en entre 20%-35% del total de sus calorías y limite el consumo de grasas saturadas para que sólo sean el 10% del total de sus calorías (que es lo que causa niveles de colesterol elevados en la sangre)*
- *Limite el consumo de colesterol en su dieta a un mínimo de 300 mgr. por día*
- *Las normas dietéticas del año 2.010 en los Estados Unidos recomiendan obtener del 45% al 65% de las calorías diarias de hidratos de carbono, preferiblemente de aquellos en granos integrales, legumbres, verduras y algunas frutas. Estos alimentos también pueden proporcionar la cantidad recomendada diaria de fibra alimentaria (25 gr. para las mujeres y 38 gr. para los hombres). Después de los 50 años, el requerimiento se reduce a 21 gr. diarios para las mujeres y 30 gr. para los hombres. Ocurre lo mismo con las vitaminas y los minerales*
- *Las proteínas deben ser sólo de un 12% a un 15% de sus caloraís diarias. Proteínas deben proveer de alimentos bajos en grasa. Limite el consumo de carnes procesadas y carne roja*
- *Evite el exceso de azúcar que contribuye a la caries dental. Alimentos con mucho azúcar normalmente también son altos en grasa*
- *Trate de limitar el sodio a no más de 2.400 mgr. por día, equivalente a un poco más de una cucharadita de sal*
- *Mantenga un consumo adecuado de vitaminas y minerales, especialmente de hierro y calcio.*
- *Si bebe alcohol, hágalo con moderación, no más de una onza diraria*

CÓMO PREVENIR EL CÁNCER

- *Aumente el consumo de frutas y verduras, especialmente crucíferas .*
- *Reduzca el consumo de alimentos curados en sal y ahumados*
- *Continue los esfuerzos para minimizar la contaminacin de alimentos con sustancias cancerígenas de cualquier fuente.*
- *Si consume alcohol, hágalo con moderación*
- *No fume*
- *Haga ejercicio regularmente*

ENSALADA DE COL VERDE RIZADA CON VINAGRETA DE FRUTAS

D G

La col verde rizada es una alternativa más saludable a la lechuga y tiene un sabor más intenso.

Ingredientes para 8 porciones

8 tazas col verde rizada o *kale* sin tallos
1 taza de repollo rojo rallado
1 manzana, nectarina o fruta de su elección picada
1/3 taza de nueces pecanas tostadas
Vinagreta de fruta (receta a continuación)

1. En un tazón grande mezcle la col verde rizada, la fruta y las nueces. Mézclelo todo bien con la vinagreta.

VINAGRETA DE FRUTAS

3 cucharadas de aceite de oliva
2 cucharadas de vinagre de manzana
1/4 taza de mermelada de albaricoque
2 cucharadas jugo de limón
1 cucharadita de mostaza de *Dijon*

1. En una tazón combine todos los ingredientes.

INFORMACIÓN *nutritiva* POR PORCIÓN

145 kcal CALORÍAS
52% CALORÍAS DE GRASA
9g GRASA
1g GRASA SATURADA
0mg COLESTEROL
44mg SODIO
16g HIDRATOS DE CARBONO
2g FIBRA ALIMENTARIA
7g AZÚCARES TOTALES
3g PROTEÍNAS

INTERCAMBIOS *diabéticos*

1/2 FRUTA
2 VERDURAS
2 GRASA

SUGERENCIA SALUDABLE

Para ahorrar tiempo, busque en el supermercado bolsas de col verde rizada lavada y picada.

CONSEJO nutritivo

Una taza de col verde rizada le aportará 5 gramos de fibra, 15% del calcio diario, 180% de vitamina A y 200% de vitamina C.

ENSALADA DE POLLO MEXICANO CON ARROZ

Una ensalda deliciosa muy fácil de preparar y llena de sabor.

Ingredientes para 6 porciones (2 tazas por porción)

1 paquete de arroz amarillo de 5 onzas
6 tazas de lechuga mixta
2 tazas de pollo asado sin huesos y sin piel, desmenuzado
1 lata de frijoles o habichuelas negras enjuagadas y escurridas de 15 onzas
1 taza de tomates muy pequeños cortados por la mitad
1/2 taza de cebolla roja picada
1/2 taza queso *Cheddar* descremado rallado
Salsa vinagreta (receta a continuación)

1. Prepare el arroz siguiendo las instrucciones del paquete, deje que se enfríe y póngalo a un lado.
2. En un tazón grande combine el arroz frío y el resto de los ingredientes. Mézclelo todo con la salsa vinagreta.

INFORMACIÓN *nutritiva* POR PORCIÓN

CALORÍAS	270 kcal
CALORÍAS DE GRASA	20%
GRASA	6g
GRASA SATURADA	2g
COLESTEROL	57mg
SODIO	755mg
HIDRATOS DE CARBONO	32g
FIBRA ALIMENTARIA	6g
AZÚCARES TOTALES	2g
PROTEÍNAS	22g

INTERCAMBIOS *diabéticos*

ALMIDÓN	2
VERDURA	1
CARNE SIN GRASA	2 1/2

VINAGRETA MEXICANA

Ingredientes para 12 porciones

1 taza de salsa mexicana
2 cucharaditas de chile o pimentón picante en polvo
1/2 cucharadita de comino molido
1 cucharada de jugo de limón
2 cucharadas de aceite de oliva

1. En una tazón combine todos los ingredientes.

SUGERENCIA SALUDABLE

Utilice la cantidad de vinagreta que desee y guarde el resto para otra ocasión.

CONSEJO *nutritivo*

Piense que los frijoles o habichuelas son muy nutritivos; úselos en las ensaladas o en guisos y sopas para aumentar la fibra en su dieta.

ENSALADA DE AGUACATE Y GARBANZOS CON CURRY

Una ensalada vegetariana simple y versátil repleta de sabores fantásticos.

Ingredientes para 6 porciones (1/2 taza por porción)

1 lata de garbanzos enjuagados y escurridos de 15 onzas
1/4 taza de mayonesa ligera
1/4 taza yogur griego descremado
1/4 taza arándanos deshidratados
1/4 taza nueces picadas
1 cucharadita de curry en polvo
1 aguacate picado
1/4 taza de cilantro fresco picado
Sal y pimienta al gusto

1. En un tazón grande aplaste los garbanzos con un tenedor. Añada el resto de los ingredientes, mezclándolo todo bien. Sazónelo con sal y pimiento a su gusto.

SUGERENCIA SALUDABLE

Sírvala dentro de un bocadillo o encima de lechuga.

CONSEJO nutritivo

Esta es una ensalada repleta de antioxidantes de los arándanos, nueces y del curry, que también son antiinflamatorios.

INFORMACIÓN *nutritiva* POR PORCIÓN

167 kcal CALORÍAS
56% CALORÍAS DE GRASA
11g GRASA
1g GRASA SATURADA
2mg COLESTEROL
135mg SODIO
15g HIDRATOS DE CARBONO
3g FIBRA ALIMENTARIA
4g AZÚCARES TOTALES
4g PROTEÍNAS

INTERCAMBIOS *diabéticos*

1/2 ALMIDÓN
1/2 FRUTA
2 GRASA

VINAGRETA CUBANA

D G

Use esta vinagreta con un sabor fresco en su ensalada favorita.

Ingredientes para 4 porciones (de 2 cucharas cada una)

1 cucharada de mostaza
1 cucharadita de ajo picado
1/3 taza de jugo de lima
3 cucharadas de aceite de oliva
1/2 manojo de cilantro fresco picado o
Sal y pimienta al gusto

1. En un tazón bata la mostaza, el ajo y el jugo de limón. Añada poco a poco el aceite de oliva y después el cilantro. Sazónelo con sal y pimienta a su gusto.

SUGERENCIA SALUDABLE

Haga una ensalada de aguacate, tomates y cebolla para usar esta vinagreta.

CONSEJO nutritivo

El cilantro es una de las mejores fuentes de vitamina K, que ayuda con la coagulación de la sangre y con los huesos.

INFORMACIÓN *nutritiva* POR PORCIÓN

101 kcal CALORÍAS
88% CALORÍAS DE GRASA
10g GRASA
1g GRASA SATURADA
0mg COLESTEROL
78mg SODIO
3g HIDRATOS DE CARBONO
0g FIBRA ALIMENTARIA
1g AZÚCARES TOTALES
0g PROTEÍNAS

INTERCAMBIOS *diabéticos*

2 GRASA

D G

POLLO ENVUELTO EN LECHUGA

Un plato fantástico y ligero, lleno de sabores asiáticos donde el pollo, los pimientos y los frijoles de soja o edamame se combinan con una salsa de mango.

INFORMACIÓN *nutritiva* POR PORCIÓN

CALORÍAS 104 kcal
CALORÍAS DE GRASA 24%
GRASA 3g
GRASA SATURADA 0g
COLESTEROL 32mg
SODIO 172mg
HIDRATOS DE CARBONO 8g
FIBRA ALIMENTARIA 2g
AZÚCARES TOTALES 5g
PROTEÍNAS 13g

INTERCAMBIOS *diabéticos*

OTROS HIDRATOS DE CARBONO 1/2
CARNE SIN GRASA 1 1/2

Ingredientes para 8 porciones (1/2 taza de relleno)

1 cebolla cortada por la mitad y en rodajas
1 pimiento rojo sin semillas y en rodajas
1 cucharadita de ajo picado
1 1/2 cucharadita de jengibre fresco rallado
1/2 taza de frijoles de soja o edamames sin cáscara
1 cucharada de salsa de soja baja en sodio
3 cucharadas de vinagre de arroz
1 cucharadita de maicena, mezclada con 1 cucharada de agua
2 tazas de pechuga de pollo asado sin piel y picada
1 taza de mango picado
2 cucharadas cacahuetes o manís picados
Hojas de lechuga grandes

1. En una sartén grande rehogue la cebolla y el pimiento, cocinándolos hasta que la cebolla este tierna, como unos 5 minutos. Agregue el ajo, el jengibre y los frijoles de soja o edamames, revolviendo bien, por 1 minuto más.

2. Añada la salsa de soja, el vinagre y el la maicena con agua. Caliéntelo todo bien hasta que se espese. Retírelo del fuego y añada el pollo, el mango y los cacahuetes o manís. Con una cuchara ponga la mezcla sobre la hoja de la lechuga.

SUGERENCIA SALUDABLE

Puede servirlo también con salsa agridulce, añadiendo jengibre en polvo o con diferentes frutas.

CONSEJO *nutritivo*

Los frijoles de soja o edamames son una fuente muy buena de fribra. Una taza aporta más del 40% de la dosis diaria recomendada, y además contiene mucha proteína y amino ácidos esenciales.

PASTA CON CHILE NOGADA

D

Una mezcla excelente de chiles poblanos, semillas de granadina y un aderezo de nueces, mezclado con pasta para representar los colores de la bandera mexicana.

Ingredientes para 6 porciones (una taza por porción)

1 taza de cebolla cortada en rodajas
1 taza de pimientos poblanos cortados en rodajas
1 cucharadita de ajo picado
1 lata de leche evaporada descremada de 12 onzas
1/2 taza de yogur griego escremado
2 cucharaditas de azúcar (opcional)
1/2 taza de nueces picadas
Una pizca de nuez moscada molida
Sal al gusto
1 paquete de espagueti de 12 onzas
1/2 taza de semillas de granadina
2 cucharadas de perejil picado

1. Prepare la pasta siguiendo las instrucciones del paquete, escúrrala y póngala a un lado.
2. Cubra on aceite aerosol antiadherente una olla grande. Rehogue la cebolla, los pimientos y el ajo por unos 10 minutos o hasta que estén tiernos.
3. En una licuadora o procesador de alimentos mezcle la leche, el yogur, el azúcar, las nueces, la nuez moscada y la sal al gusto, hasta que esté quede cremoso. Añada esta mezcla a la olla grande con los pimientos, deje que se caliente durante 1 minuto más. Agregue la pasta. Espolvoree las semillas de granadina y el perefil.

INFORMACIÓN *nutritiva* POR PORCIÓN

405 kcal CALORÍAS
27% CALORÍAS DE GRASA
12g GRASA
1g GRASA SATURADA
2mg COLESTEROL
80mg SODIO
60g HIDRATOS DE CARBONO
4g FIBRA ALIMENTARIA
15g AZÚCARES TOTALES
16g PROTEÍNAS

INTERCAMBIOS *diabéticos*

3 ALMIDÓN
1/2 OTROS HIDRATOS DE CARBONO
1/2 LECHE DESCREMADA
1 1/2 GRASA

SUGERENCIA SALUDABLE

Trate de encontrar semillas de granadina envasadas para hacer la preparación más rápida. Sírvalo caliente o frío.

CONSEJO *nutritivo*

Utilice pasta integral para aumentar las vitaminas y la fibra.

D G

POLLO CON BRÉCOL

Una receta de pollo rápida con brécol rehogado y con sabores ligeramente dulces, lo que complementa perfectamente al pollo y a las verduras.

INFORMACIÓN *nutritiva* POR PORCIÓN

CALORÍAS 317 kcal
CALORÍAS DE GRASA 32%
GRASA 11g
GRASA SATURADA 2g
COLESTEROL 73mg
SODIO 229mg
HIDRATOS DE CARBONO 24g
FIBRA ALIMENTARIA 3g
AZÚCARES TOTALES 14g
PROTEÍNAS 30g

INTERCAMBIOS *diabéticos*

VERDURAS 1
OTROS HIDRATOS DE CARBONO 1 1/2
CARNE SIN GRASA 3 1/2

Ingredientes para 6 porciones (3/4 taza por porción)

2 tazas de brécol
1 pimiento rojo cortado en rodajas
1/2 cucharadita de ajo picado
2 claras de huevo y 1 cucharada de agua mezclados
1/3 taza de maicena
3 cucharadas de aceite de oliva
1 1/2 libras de pechugas de pollo sin hueso y sin piel, cortadas en trozos
1 taza de frijoles de soja o edamame
1/4 taza de miel
1-2 cucharadas de salsa de soja baja en sodio
Sal y pimienta al gusto

1. Cubra con aceite aerosol antiadherente una sartén grande. Añada el brécol, el pimiento rojo y el ajo; rehóguelo como unos 5 minutos. Póngalo en un plato a parte.
2. En un tazón pequeño ponga las claras de huevo con el agua; en otro tazón ponga la maicena. En la misma sartén, caliente el aceite de oliva. Una vez caliente, reboce los trozos de pollo en las claras de huevo y luego cúbralo ligeramente con maicena. Añádalo a la sartén y déjelo que se dore de 2 a 3 minutos, dele la vuelta y continúe cocinándolo hasta que el pollo esté dorado, de 5 a 7 minutos.
3. Agregue el resto de las verduras y los frijoles de soja o edamame en la sartén con el pollo. Agregue la miel y salsa de soja revolviendo hasta que el pollo esté completamente cubierto y la mezcla caliente. Condiméntelo con sal y pimiento a su gusto.

SUGERENCIA SALUDABLE

Sírvalo con arroz y cebollitas verdes picadas.

CONSEJO *nutritivo*

¿Sabía que el brécol tiene unos niveles muy altos de calcio fácil de absorver por su cuerpo?

CEVICHE DE SALMÓN

D G

Un plato saludable para el corazón y lleno de sabor, con ingredientes frescos; ideal para una comida ligera.

Ingredientes para 8 porciones (3/4 tazas por porción)

1 1/2 libras de filetes de salmón sin piel y cortados en cubitos
1/2 cucharadita de vinagre de manzana
1 cucharadita de aceite de oliva
Jugo de 4 limas (como 1/2 taza)
1/4 taza jugo de naranja
1 mango pelado, sin hueso y picado (como 1 1/2 tazas)
1 pepino sin semilla picado
2 cucharadas de cebolla roja cortada en rodajas
1 cucharada de cilantro fresco picado
1 jalapeño picado
1/2 cucharadita de orégano
Sal y pimienta al gusto

1. En una olla mediana, llénela hasta la mitad con agua y llévela a ebullición.
2. Cuando el agua esté hirviendo, retírela del fuego y añada los trocitos de salmón en el agua hirviendo. Deje el salmón en la olla cubierto por 6 minutos.
3. Retírelo inmediatamente y transfiéralo a un plato. Deje que se enfríe y métalo en la nevera.
4. Mientras tanto, en un tazón grande mezcle los otros ingredientes y sazónelo con sal y pimienta al gusto. Mezcle con cuidado el salmón en la mezcla de mango.

INFORMACIÓN *nutritiva* POR PORCIÓN

164 kcal CALORÍAS
25% CALORÍAS DE GRASA
5g GRASA
1g GRASA SATURADA
40mg COLESTEROL
67mg SODIO
12g HIDRATOS DE CARBONO
1g FIBRA ALIMENTARIA
8g AZÚCARES TOTALES
19g PROTEÍNAS

INTERCAMBIOS *diabéticos*

1 FRUTA
2 1/2 CARNE SIN GRASA

SUGERENCIA SALUDABLE

Sírvalo con pan tostado caliente.

CONSEJO *nutritivo*

El salmón es rico en los ácidos grasos omega-3, con muchos beneficios para la salud. Reduce el riesgo de enfermedades del corazón y trombosis, alivia el dolor de las articulaciones y la inflamación en general. También es más fácil de absorver por el cuerpo que si se lo toma en forma de cápsulas.

D G

TACOS DE PESCADO Y PICO DE GALLO CON MANGO (foto en la pág. 151)

Un pescado sazonado por especias del suroeste de los Estados Unidos, combinado con una salsa de pico de gallo con mango.

Ingredientes para 4 porciones

1 libra de filetes tilapia enjuagada
1 cucharadita de chile o pimentón picante en polvo
1/2 cucharadita de comino molido
1/2 cucharadita de orégano
1/2 cucharadita de pimentón dulce o paprika
1 cucharada de aceite de oliva
Sal y pimienta al gusto
8 tortillas de maíz
Pico de gallo con mango (receta a continuación)

1. Precaliente el horno a 425° F. Ponga papel de aluminio en la bandeja para el horno y cúbrala con aceite aerosol antiadherente.
2. Coloque el pescado sobre la bandeja. En un tazón pequeño combine el aceite, el chile o pimentón picante, el comino, el orégano, el pimentón dulce o paprika y sazónelo con sal y pimient a su gusto. Unte la mezcla que acaba de preparar sobre los filetes de pesacado. Métalo al horno de 15 a 18 minutos o hasta que el pescado se desmenuce con un tenedor.
3. Rocíe las tortillas por ambos lados con aceite aerosol antiadherente y caliéntelas en una sartén, aproximadamente 1 minuto por cada lado o en el microondas unos 30 segundos.
4. Divida el pescado para rellenar las tortillas y ponga por encima el pico de gallo con mango.

INFORMACIÓN *nutritiva* POR PORCIÓN

CALORÍAS 261 kcal
CALORÍAS DE GRASA 22%
GRASA 7g
GRASA SATURADA 1g
COLESTEROL 57mg
SODIO 117mg
HIDRATOS DE CARBONO 28g
FIBRA ALIMENTARIA 3g
AZÚCARES TOTALES 12g
PROTEÍNAS 25g

INTERCAMBIOS *diabéticos*

ALMIDÓN 1
FRUTA 1
CARNE SIN GRASA 3

SUGERENCIA SALUDABLE

También puede añadir aguacates y frijoles o habichuelas negras al pico de gallo con mango.

CONSEJO *nutritivo*

Se recomienda comer por lo menos dos comidas de pescado a la semana.

PICO DE GALLO CON MANGO

Ingredientes para 2 tazas

2 tazas de mango picado
1 cucharada de jugo de lima
1 cucharada de cilantro picado
1/4 taza de cebolla roja picada
1 jalapeño picado
Sal y pimienta al gusto

1. En un tazón mediano combine todos los ingredientes.

VERDURAS AL HORNO

D

Un plato de verduras con un toque mexicano para aderezar las batatas o camotes dulces.

Ingredientes para 8 porciones (1/2 taza por porción)

4 tazas de batata o camote pelados y cortados en cubos de 1 pulgada
1 1/2 tazas de calabacín cortado en trozos pequeños
1 cebolla roja pequeña picada
1 paquete de champiñones cortados en rodajas de 6 onzas
2 cucharadas de aceite de oliva
3 cucharadas de especias de taco de odio reducido (como medio paquete)
Sal al gusto

1. Precaliente el horno a 425˚F. Ponga papel de aluminio en la bandeja para el horno y cúbrala con aceite aerosol antiadherente.
2. En la bandeja preparada, ponga las batatas o camotes, los calabacines, la cebolla y los champiñones; vierta el aceite de oliva por encima hasta que todas las verduras estén cubiertas. Espolvoree las especias para taco y mézclelo todo bien.
3. Métalo al horno como 40 minuto o hasta que estén tiernos y dorados, tratando de moverlos cada 15 minutos para que no se peguen.

INFORMACIÓN *nutritiva* POR PORCIÓN

110 kcal CALORÍAS
31% CALORÍAS DE GRASA
4g GRASA
1g GRASA SATURADA
0mg COLESTEROL
209mg SODIO
17g HIDRATOS DE CARBONO
3g FIBRA ALIMENTARIA
2g PROTEÍNAS

INTERCAMBIOS *diabéticos*

1 ALMIDÓN
1/2 GRASA

SUGERENCIA SALUDABLE

Las sobras que le queden aprovéchelas para hacer una sopa, simplemente añadiendo caldo de pollo. Cuando usa el papel de aluminio en el horno, se ahorra mucho tiempo en la limpieza.

CONSEJO nutritivo

Las batatas o camotes y los calabacines son ricos en antioxidantes, vitamina A, son bajos en calorías y una fuente excelente de fibra.

COLIFLOR ASADA CON SALSA DE TOMATILLO *(foto en la pág. 151)*

Es un buen plato de acompañamiento para cualquier comida con un sabor dulce y ahumado.

Ingredientes para 6 porciones

1 coliflor grande cortada
1 cucharada de aceite de oliva
1 cucharada de ajo picado
Sal y pimienta al gusto
Salsa de tomatillo (receta a continuación)
1/2 taza de queso fresco
1/4 taza de cilantro (opcional)
Aguacate cortado en rodajas (opcional)

1. Precaliente el horno a 400°F. Ponga papel de aluminio en la bandeja para el horno y cúbrala con aceite aerosol antiadherente.
2. En la bandeja preparada, ponga la coliflor mezclada con el aceite, el ajo; sazónelo con sal y pimienta a su gusto. Métalo al horno de 25 a 30 minutos o hasta que la coliflor esté ligeramente dorada.
3. Retire la coliflor del horno y añada la mitad (o la cantidad que desee) de la salsa de tomatillo. Espolvoree el queso fresco por encima. Vuélvalo a meter al horno 5 minutos más o hasta que el queso se derrita. Si lo desea, agregue cilantro, aguacate y más salsa de tomatillo.

SALSA DE TOMATILLO

Ingredientes para 3 tazas

8-10 tomatillos verdes (como 1 1/2 libras)
2 chiles Anaheim sin semillas y picados
1/2 cebolla mediana picada
Jugo de una lima
1 cucharadita de sirope de agave
Sal y pimienta al gusto

1. En una olla grande con agua, cueza los tomatillos durante 10 minutos. Retírelos del fuego, escúrralos y deje que se enfríen.
2. En una licuadora o procesador de alimentos, coloque los tomatillos, los pimientos, la cebolla, el agave y el jugo de lima; mézclelo todo bien. Si la salsa queda espesa, agréguele 1 cucharada de agua.

INFORMACIÓN *nutritiva* POR PORCIÓN

CALORÍAS **140 kcal**
CALORÍAS DE GRASA **32%**
GRASA **6g**
GRASA SATURADA **2g**
COLESTEROL **7mg**
SODIO **72mg**
HIDRATOS DE CARBONO **20g**
FIBRA ALIMENTARIA **6g**
AZÚCARES TOTALES **10g**
PROTEÍNAS **7g**

INTERCAMBIOS *diabéticos*

VERDURAS **4**
CARNE SIN GRASA **1/2**
GRASA **1**

SUGERENCIA SALUDABLE

La coliflor libera compuestos de azufre que producen olores intenson cuando se calientan. Si siente náuseas y le afectan los olores, pida que un amigo le prepare esta receta en otro lugar. También puede comprar salsa de tomatillo ya preparada.

CONSEJO *nutritivo*

La coliflor es miembro de la familia de los crucíferos, proporciona muchos antioxidantes en forma de vitamina C.

SALMÓN CARAMELIZADO

Si está tratando de incluir más salmón en su dieta, esta es una de las recetas favoritas, muchos dicen que la mejor. El glaseado sobre el salmón crujiente sólo le llevará minutos para preparlo y desaparecerá más rápido del plato.

Ingredientes para 4 porciones

1/4 taza de miel
2 cucharadas de salsa de soja baja en sodio
2 cucharadas de jugo de lima
1 cucharada de mostaza tipo *Dijon*
4 filetes de salmón de 6 onzas

1. En un tazón pequeño bata la miel, la salsa de soja, el jugo de lima y la mostaza. Ponga el salmón dentro del adobo que acaba de preparar y deje que se empape durante varias horas (no deseche el adobo).
2. Cubra con aceite aerosol antiadherente una sartén grande y cocine el salmón por los dos lados, de 3 a 5 minutos, hasta que esté dorado y crujiente. Transfiera el salmón a un plato.
3. En la misma sartén, añada el resto del adobo que le sobró de remojar el salmón; cocínelo a fuego lento, revolviendo bien hasta que empiece a hervir. Ponga el salmón de nuevo en la sartén, caliéntelo bien y sírvalo inmediatamente.

INFORMACIÓN *nutritiva* POR PORCIÓN

297 kcal CALORÍAS
24% CALORÍAS DE GRASA
8g GRASA
1g GRASA SATURADA
80mg COLESTEROL
403mg SODIO
20g HIDRATOS DE CARBONO
0g FIBRA ALIMENTARIA
19g AZÚCARES TOTALES
36g PROTEÍNAS

INTERCAMBIOS *diabéticos*

1 1/2 OTROS HIDRATOS DE CARBONO
5 CARNE SIN GRASA

SUGERENCIA SALUDABLE

Utilice una bolsa de plástico hermética cuando necesite aderezar el pescado o la carne durante largos períodos de tiempo, le ahorrará mucho tiempo a la hora de limpiar.

CONSEJO *nutritivo*

El salmón es una fuente excelente de ácidos grasos omega-3 y vitaminas B, A, D y E.

ENSALADA DE FRUTAS ASADAS TIPO AMBROSIA

INFORMACIÓN *nutritiva* POR PORCIÓN

CALORÍAS 206 kcal
CALORÍAS DE GRASA 20%
GRASA 5g
GRASA SATURADA 2g
COLESTEROL 0mg
SODIO 55mg
HIDRATOS DE CARBONO 40g
FIBRA ALIMENTARIA 3g
PROTEÍNAS 3g

INTERCAMBIOS *diabéticos*

ALMIDÓN 1/2
FRUTA 1
OTROS HIDRATOS DE CARBONO 1
GRASA 1

Para esta receta es importante usar fruta fresca y si quiere añadir algo super especial, utilice helado de yogur de vainilla. Este es uno de esos postres que desaparecen en cuanto salen del horno.

Ingredientes para 10 porciones

1 taza de harina
1/2 taza de azúcar moreno ligero
3 cucharadas de mantequilla
1/4 taza de coco rallado
2 tazas de piña fresca en trozos
3 naranjas grandes peladas y cortadas en gajos
3 plátanos grandes cortadas en rodajas
2 cucharadas de jugo de limón
1 cucharadita de extracto de coco

1. Precaliente el horno a 350°F.
2. En un tazón grande combine la harina y el azúcar; añada la mantequilla ablandada con un tenedor y mézclelo todo bien hasta que esté en trocitos; póngalo a un lado.
3. En otro tazón, combine el coco, la piña, las naranjas, los plátanos, el jugo de limón y el extracto de coco; revuélvalo todo bien. Coloque la mezcla de fruta en una fuente para el horno cubierta de aceite aerosol antiadherente de 13 × 9 × 2 pulgadas. Espolvoree la mezcla de harina encima de la fruta. Métalo al horno sin cubrir por 45 minutos o hasta que esté dorado.

SUGERENCIA SALUDABLE

Para ahorrar tiempo, compre latas de piña ya cortada en pedacitos.

CONSEJO nutritivo

Este postre está lleno de sabores cítricos y plátanos, lo que aporta mucha vitamina C y potasio.

COLIFLOR ASADA CON SALSA DE TOMATILLO

ENSALADA DE COL VERDE RIZADA CON VINAGRETA

ENSALADA DE POLLO MEXICANO CON ARROZ

POLLO CON BRÉCOL

POLLO ENVUELTO EN LECHUGA

TACOS DE PESCADO CON MANGO

CEVICHE DE SALMÓN

PASTA CON CHILE NOGADA

SALMÓN CARAMELIZADO

VERDURAS AL HORNO

Índice